サンダー・キャッツの発酵教室

SANDOR ELLIX KATZ

BASIC FERMENTATION

和田侑子 & 谷奈緒子 訳

ferment books

CONTENTS

もくじ

著者紹介
6 ABOUT THE AUTHOR

読みつがれていく、この ZINE について
8 PREFACE TO THE NEW EDITION

はじめに
12 INTRODUCTION

ザワークラウト
16 SAUERKRAUT

味噌
26 MISO

甘酒
36 AMAZAKE

サワードウ・ブレッド
44 SOURDOUGH BREAD

インジェラ
54 INJERA

エチオピアの蜂蜜酒
60 ETHIOPIAN HONEY WINE

ビネガー
66 VINEGAR

ヨーグルト
70 YOGURT

タラとケフィア
74 TARA AND KEFIR

バターミルク
76 BUTTERMILK

サワークリーム
78 SOUR CREAM

チーズ
80 CHEESE

テンペ
88 TEMPEH

テンペのルーベンサンド
98 TEMPEH REUBENS

塩水で発酵させたピクルスについて
100 BRINE PICKLES

ピクルス
102 PICKLES

ケイパーとミルクウィードについて
108 CAPERS

キムチ
110 KIMCHI

チョコレートについて
116 A NOTE ON CHOCOLATE

コンポストについて
117 A NOTE ON COMPOST

発酵と社会の変革について
118 AGITATION

発酵の文化史
119 ANNOTATION

参考文献
122 INFORMATION

〜サンダー・キャッツが日本にやってきた〜
発酵オタクたちのすんき旅
124 THE JAPANESE EDITION'S SPECIAL FEATURE

この小さな本との出会いは、
広くて深い発酵世界への入り口
138 EDITOR'S NOTE OF JAPANESE EDITION

BASIC FERMENTATION
A DO-IT-YOURSELF GUIDE TO CULTURAL MANIPULATION
by SANDOR ELLIX KATZ

©Sandor Ellix Katz, 2001, 2017
©Microcosm Publishing, 2011, 2017

First published in the United States by Microcosm Publishing.

Japanese translation rights arranged with Microcosm Publishing, Portland, Oregon c/o Perseus Books, Inc., Boston, Massachusetts through Tuttle-Mori Agency, Inc., Tokyo.

All rights reserved. No part of this publication may be reproduced or transmitted in any form or by any means, electronic or mechanical, including photocopy, recording or any information storage and retrieval system, without prior permission in writing from the publisher.

The Japanese edition was published in Japan in 2018 by ferment books.

Japanese translation © ferment books, 2018

ABOUT THE TRANSLATORS
翻訳者紹介

和田侑子

わだ・ゆうこ。ferment books 運営者、翻訳家。『クラフトビール革命』『マリメッコのすべて』（DU BOOKS）『おいしいセルビー』『バンクシー ビジュアルアーカイブ』『冒険家たちのスケッチブック』（グラフィック社）などの翻訳を担当。

谷奈緒子

たに・なおこ。南カリフォルニアスタイル・ブリトー店「カクタスブリトー」店主。ポートランド「マイクロコズム・パブリッシング」正規日本代理店もつとめる。ビル・ダニエル展「TRI-X-NOISE」ほか、イベント主催も多数。

計量表記について

材料の分量や温度などについて、原書ではアメリカ式の表記となっています。本書では、
2½ カップ［US2 カップ］
などのように、日本式に直した表記につづく［］内に原書の表記を掲載しました。

ABOUT THE AUTHOR
著者紹介

撮影　間部百合

サンダー・エリックス・キャッツ
SANDOR ELLIX KATZ

全米一有名なベストセラーの指標であるニューヨークタイムズ・ベストセラーに著書がリストされたこともある発酵リバイバリスト。発酵への強い興味が高じて料理、栄養学、ガーデニングへと関心が広がっている。2001年に本書を執筆したことがきっかけで、さらなる長編、『天然発酵の世界』(築地書館, 2015年　原書初版は2003年発行)を上梓。同書とその後に出版された『The Revolution Will Not Be Microwaved』(Chelsea Green, 2006年)や『発酵の技法 ―世界の発酵食品と発酵文化の探求』(オライリージャパン, 2016年)とともに世界中で無数のワークショップを開催し、発酵の技法を広い範囲で復活させることに尽力している。テネシー州の田舎に暮らす、独学の実験主義者。ニューヨーク・タイムズ紙から「アメリカの食シーンにおける、奇想天外なロックスターのひとり」と呼ばれる。料理界のアカデミー賞ともいわれるジェームス・ビアード賞をはじめ多数の賞も受賞。
さらなる情報はウェブサイトにて。
https://www.wildfermentation.com/

読みつがれていく、このZINEについて

PREFACE TO THE NEW EDITION

この小さな本を最初に執筆したのは2001年のこと。そのころ、ぼくはザワークラウトをはじめとするおいしい発酵食品をつくることにのめりこみ、ザワークラウトづくりのワークショップまで開催するようになっていた。友人たちが、ぼくにつけたニックネームは「サンダークラウト」。最初にザワークラウトづくりを学んだのは、さらに8年さかのぼる1993年で、故郷のニューヨークからテネシーの田舎へ引っ越してすぐのこと。テネシーでは、ガーデニングしたり、大勢のために料理したりするようになった。

世界中のほとんどの人がそうであるように、ぼくも発酵食品を食べて育った。子ども時代の好物のひとつは、ニンニクやディルと一緒に新鮮なキュウリを発酵させる東欧スタイルのピクルス。サワー・ピクルスと呼ばれ、古めかしいデリで売られてい

た。ぼくにとって、それはスーパーマーケットの棚に並ぶビネガー・ピクルスより断然おいしかったが、どうやってつくられているのかは知らなかった。当時は、食べものについて疑問を抱くことなどほとんどなく、ただ食べるだけだったのだ。しかしやがて、こうした生きた微生物による発酵食品に、免疫を活性化し、消化も促進する効果があることを学び始め、さらに、そのつくりかたが意外なほど簡単なことを知るようになる。なぜなら、栽培した大量のキャベツを収穫し、せっせとザワークラウトを仕込まなければならなくなったから。初めてつくったザワークラウトは、活き活きとした味わいで、本当においしかった！　それをきっかけに、さまざまな発酵食品について、もっと知りたいと思うようになり、ヨーグルトやシンプルなワインの製法を学び、サワードウのパンも焼くようになった。味噌づくりを学んだのも、この年だ。

やがてぼくは、「発酵」で名が知られるようになった。「ザ・シクアッチー・バレー・インスティテュート」という名のエデュケーション・センターを自宅で開いた友人が、1998年に「フード・フォー・ライフ」という食に関連したスキルを共有するための大規模イベントで、ぼくにとって初となるザワークラウト教室を開催しないかと誘ってくれたのだ（2016年現在も、フード・フォー・ライフは毎年開催されている）。発酵について教える経験から知ったのは、伝統的な発酵食品に含まれる菌に対して、多くの人が不安を抱いているということだった。長い間、ずっと問題なく人びとが食べてきたものだというのに。発酵について、わかりやすく教えるのは大変だけれど、楽しいし、ワクワクする。フード・フォー・ライフでのワークショップは、毎年楽しみな恒例行事となった。

2001年、親友のエド・カランとその素敵な家族が暮らすメイン州の家で、ぼくはひと夏を過ごすことにした。唯一残念だったのは、その滞在でフード・フォー・ライフに参加できなかったこと。代わりに、知っている全発酵食品のレシピを書きとめ、遠方から送ることで協力することにした。そうしてできたのがこの本だ。文章のみで絵も写真もなかった初版はコピーショップで印刷した。2001年夏、初めて自費出版したこのZINEのタイトルは『Wild Fermentation: A Do-It-Yourself Guide to Cultural Manipulation』。このZINEをつくったことで、発酵のテーマで伝えなくてはならないことがいかに多いかに気づき、実験と研究の量がさらに増えた。その結果出版されたのが、もっとボリュームのある2冊、『天然発酵の世界』（Wild Fermentation: The Flavor, Nutrition, and Craft of Live Culture Foods）と『発酵の技法』（The Art of Fermentation）だ。発酵について教えることが生涯の仕事になったぼくは、「発酵リバイバリスト」（発酵復興論者）を名乗って、全米のほとんどと、世界中でワークショップを何度も開いている。

発酵について教え、自分も学ぶためにアメリカと世界を旅し、『天然発酵の世界』と『発酵の技法』をPRするあいだも、処女作であるこのZINEは売れ続けた。マイクロコズム社をはじめとするZINEの出版社には、家庭で発酵食品をつくるために必要な、多くの情報が詰まっているこの本を増刷して販売し続けるよう促した。多くの人が求めているのは、コンパクトで安価な本だ。2011年、マイクロコズム社がZINEを改

10   PREFACE TO THE NEW EDITION

訂しないかと持ちかけてきたことで出版されたのが、魅力的なイラストを掲載した、持ち運びやすいポケットサイズのヴァージョンだった。その情報がネットに出始めると、タイトルが既刊の『Wild Fermentation（天然発酵の世界）』と同じであることから（サブタイトルは異なるものの）若干の混乱が生じた。そこで、拡大版としてわかりやすいフルカラーの解説写真を満載し、紛らわしくないよう新しいタイトルをつけたのが本書だ（原書タイトル：Basic Fermentation）。とはいえ、テキストは2001年版のままであり、理想的な発酵へのガイドブックである点は変わらない。

実験を恐れず、発酵を楽しもう。

そして、もっと発酵について知りたくなったら、その後に出版された『天然発酵の世界』と『発酵の技法』も、ぜひ読んでみてほしい。

サンダー・エリックス・キャッツ
2016年12月

INTRODUCTION
はじめに

ボウルに小麦粉と水を入れて混ぜ、キッチンカウンターの上に置く。

すると、数日で泡だちはじめる。

サワードウって、なんだろう？

この世界で、発酵ほど簡単に始まることはない。酵母や細菌はどこにでもいる。呼吸したり、ものを口に入れて噛むたびに、身体に入ってくる。除菌石鹸や抗生物質で絶滅させようとしたって、彼らから逃れることはできない。

こうした微生物たちは、口から食道、胃、腸にいたる消化管に棲みつき、ぼくらが食べたものの消化に、とても重要な役割を果たしている。微生物は遍在し、ものの変容をつかさどる。物質をどんどん腐らせ、すばらしいものであろうが、恐ろしいものであろうが、その躍動する生命力を次の状態へと変えていく。ぼくたち人類と、こうした微生物たちとは共生関係にある。微生物がいないと生命は維持できないのだ。

微生物には、食物を大きく変容させるために利用できるものがある。

ビールやワイン、パン、ヨーグルト、味噌、ザワークラウト、テンペなど、世界中の民族が楽しむユニークでおいしい食べものが無数にあるのは、発酵のおかげ。発酵は食品の保存に役立ち、より良きものに変える。だから、とても広く普及している。

本書では、さまざまな発酵食品のシンプルなつくりかたを説明した。ぼくが注目しているのは、変容の基本的なプロセス。古代に生まれたこうした儀式は、何世代にもわたって続けられてきた。ぼくにとって発酵は、すべてが魔法で、神秘に満ちている。ぼくは微生物群の識別や、それが生じさせた特定酵素による変容を熱心に研究する科学者ではないし、無菌環境や、正確な温度管理に関心を持つ技術者でもない。ぼくは森の奥深くで、電力や水を自給しながら暮らしている。約20人で共有するキッチンで料理し、冬はサーモスタットのない薪ストーブを暖房にしている。自家製ビールやワインのレシピブックは、道具を薬品で殺菌し、正確な温度管理を行うことを強調するけれど、ベーシックな発酵食品はみな、そうした技術が誕生するずっと以前から、もっとシンプルな方法でつくられてきたのだ。

野生の発酵は、自然の生命体が活き活きと繁殖できる状況をつくりだす。微生物を含む天然の食品には、大いなるパワーがある。地球のリズムが生みだす、自然でダイレクトな力だ。土がついたままの根っこなど、野の植物や、野原で摘んできたベリー類、発酵するザワークラウトやサワードウ、サワークリームなどを食べることによって、ぼくはこのパワーに触れたいのだ。それと同時に、人が意図的に培養したものにも愛着がある。特定の場所や条件のもとで生じる自然発酵を用いて、選択的に培養した微生物による発酵もたくさん実践してきた。

こうした技法について執筆するのも、キッチンに立って自分で発酵食品をつくってみたいと思っている人たちと情報を共有できるから。ぼくは専門家というよりむしろ独学の発酵オタクなのだ。ぼくが住むショート・マウンテン・サンクチュアリーのキッチンは、ぶくぶく泡立つ科学実験物質で床も壁もあふれかえっている。その実験の多くは継続中で、小さな発酵微生物たちとの共生のリズムを刻んでいる。彼らに規則正しくエサをあげれば、規則正しく発酵食品を返してくれるのだ。

ぼくは、おいしく健康な食べもので人に栄養を与えてきた長い伝統を受けついでいる。父のジョー・キャッツは園芸家の二代目で、生涯その仕事を続けている。庭の恵みで人に奉仕するため、つねに創造性を発揮している。おいしいものに目がない母のリタ・エリックスは、料理の基本的な方法と美学をぼくに教えてくれた。祖母のベティ・エリックスが休むことなくつくってくれた料理が、ぼくの文化的遺産となっている。彼らの足跡を追っていることを、誇りに思う。食べものに計り知れない栄養を与えるのは、食にかけるエネルギーと愛ではないだろうか。栄養こそ、ぼくらが追求できて、人とすぐに共有できる癒やしと奉仕の手段なのだ。

低温殺菌されていない生きた発酵物は、とりわけ栄養価が高い。食べれば消化器官に微生物が直接入り込み、食物を分解して消化と栄養の吸収を助ける。サプリメント業界が、アンチバイオティクス（抗生物質）をもじって「プロバイオティクス」と呼ぶのが、この生命体であり、プロバイオティックス・サプリメントのマーケットは巨大だ。とはいえ、カプセルを摂取するより、生きた発酵食品すべてに備わっている多様性のほうがはるかに優れている。これらの食品には、菜食をしていると摂取するのが特に難しいビタミン B12 が豊富に含まれているのだ。まあ、栄養成分の知識はさておき、まずは味噌汁やつくりたてのザワークラウトを味わってみよう。体がそれらを欲していることを、舌の味蕾が教えてくれるだろう。

サンダー・キャッツの発酵教室

SAUERKRAUT
ザワークラウト

すべてはザワークラウトから始まった。ニューヨークで過ごした幼いころから、ぼくはザワークラウトが大好きだった。毎日のように食べていたのは、決まってマスタードとザワークラウトがはさんであるストリートのホットドッグ。かつてアメリカが、「クラウト」という蔑称で呼んだドイツ人と戦争をしていた時代、ザワークラウトは「自由のキャベツ」と言い換えられていた。そう教えてくれたのは、戦争中に子ども時代を過ごしたぼくの父だ。ルーベン・サンドイッチのザワークラウトも大好きだった。昔ながらのルーベンサンドは、コーンビーフに、サウザンアイランド・ドレッシング、ザ

ワークラウト、とろけたチーズをはさんだホットサンド。でも、製法が怪しく、味気もない加工肉を断つことにしてからは、ザワークラウトもあまり食べなくなってしまった。

ただ、それもマクロビオティックに出会うまでの話。マクロビオティックとは食の思想と食事法で、ぼくも2〜3年ほど実践していたことがある。主に穀物、野菜、豆などを簡素に調理するマクロビオティックの食事法は制約が多いけれど、とても健康によいと言われていて、とくに加熱殺菌されていない生きたザワークラウトなどのピクルス類には消化促進効果があると強調している。以来、ほとんど毎日のようにザワークラウトを食べるようになり、20年間にわたって次々とザワークラウトをつくり続けていたら、「サンダークラウト」というニックネームで呼ばれるようになった。

ザワークラウトのつくりかたは簡単だ。

材料　仕上がり約4リットル［1ガロン］ぶん
- キャベツ：2キロ強［5ポンド］
- 海塩：大さじ3

必要な器具
- セラミックの壺。または食品用プラスチック容器（円筒状であることが重要）
- 押し蓋。使用する容器の内側にフィットする皿などでOK
- 水を満たした約4リットル［1ガロン］の容器（訳注：重しとして使用。ほかの重しでも可）
- 布のカバー（ふきんやタオルなどでOK）

つくりかた

包丁かスライサーでキャベツを切る。粗めに切るか細かく切るか、芯を入れるか入れないかはお好みで。ぼくは普通のキャベツと赤キャベツを混ぜて、ザワークラウトを明るいピンク色に仕上げるのが好き。

キャベツを切ったら**塩をふりかける。**塩分がキャベツから水分を抜き、これが塩気のある漬け汁となり、このなかでキャベツは腐ることなく発酵して酸っぱくなっていく。ヨウ素添加塩は使わないように。ヨウ素は、菌の活動を抑えてしまうから。

大さじ3杯という塩の分量は、だいたいの目安にすぎない。食品科学者によれば、ザワークラウトの発酵には塩分2～3%の漬け汁が最適だそうだが、ぼくはといえば一度も塩の量をはかったことはない。¼のキャベツを刻み終えるごとに、少しずつ塩を振りかけるだけ。あと、夏には少し塩の量を増やし、冬には減らしている。昆布や海藻類の粉末を加えることで、塩を使わないザワークラウトもつくれる。

さらに、**ほかの野菜も加えてみよう。**タマネギ、ニンニク、キャベツ以外の葉もの野菜、芽キャベツ、小さいキャベツを丸ごと、などなど。さらに、キャラウェイ・シード、ディル・シードなど、ハーブやスパイスを加えてもよい。実験だと思って、なんでも入れてみよう。

材料を混ぜ合わせたら容器に詰める。自分の手か丈夫なキッチン用具で、容器の底に強く押しつけながら、少量ずつ詰めていこう。押しつけることによって隙間なく詰められるうえに、キャベツから水分が出やすくなる。

キャベツを詰め終えたら、容器の内側にぴったりはまる皿などで、**ザワークラウトに押し蓋をする**。キャベツがしっかり漬け汁に浸かるよう、押し蓋のうえに、水の入った容器など清潔な重しを乗せる。最後に、容器全体をほこりや虫から守るために布カバーなどで覆う。

漬け汁が押し蓋より上にあがってくるまで、**重しを定期的にぎゅっと押す**。塩分がゆっくりキャベツの水分を抜き出すので、これには少し時間がかかる。キャベツが新鮮でない場合、水分量は少なくなる。もし、翌日までに押し蓋より上に漬け汁が上がってこなかったら、押し蓋の上まで塩水を足そう。

サンダー・キャッツの発酵教室

数日経ったらようすを見る。もし、カビ状のものが浮いていたら、取り去ってしまおう。味見をすると、数日で酸っぱい風味が出てくるはずで、日を追うごとに酸味は強くなっていく。気温が低いと、発酵に数か月かかることもある。発酵が進むと、そのうちやわらかくなってしまい、風味も落ちてくる。夏はその経過が早く、冬は遅くなる。

それでは食べてみよう。発酵容器からボウルに1杯ずつ取り出して、冷蔵庫に入れておく。ぼくの場合、ザワークラウトがまだ未熟成のタイミングから食べ始めて、発酵によって数週間のあいだに起こる風味の変化を楽しむ。すべて食べ終えるころに、残った漬け汁を飲んでみよう。ザワークラウトの漬け汁は、ほかに類を見ない消化促進ジュースであり、とっておきの珍味なのだ。

発酵容器からザワークラウトを取り出すさいは、**毎回注意ぶかくキャベツを詰め直さないといけない**。隙間がないように詰めたら、表面を平らにする。押し蓋と重しは清潔さを保つべき。漬け汁が蒸発してしまうこともあるので、ザワークラウトの表面よりも水位が下がったら、塩水を足すこと。

できあがったザワークラウトを熱処理して缶詰にする人もいる。もちろん、そうした方法も問題はないが、せっかく生きて成長しているザワークラウトのパワーを殺して閉じ込めてしまうのは、ちょっともったいない。

つくりかたを覚えたら、**仕込みのリズムをつかもう**。先につくったバッチ（一度の仕込みぶん）をぜんぶ食べ終える前に、新しいバッチを仕込むとよい。ぼくは、新しいザワークラウトを仕込むとき、古いバッチからザワークラウトと漬け汁をちょっと取り出して、新しいキャベツに混ぜてから容器に詰める。その漬け汁が、すでに活動中の菌を含んだスターターとなり、新しいザワークラウトの発酵を促進してくれるのだ。

サンダー・キャッツの発酵教室

この本の執筆のためにリサーチしていたら、ウィスコンシン大学の食品化学のクラスで行われていた実験に出会った。それは、約21℃ [70°F] の状態で5週間のあいだ、ザワークラウトがどのように発酵していくのかを一定の間隔で記録したものだ。ぼくは、複数の微生物がバトンタッチしながら発酵の過程に関わっているということに、とても興味を惹かれた。実験のリポートを以下に引用してみる。

ザワークラウトの発酵には、一切のスターター菌が使用されないことから、天然発酵とみなされる。キャベツの葉の常在菌には、適切な発酵を促す微生物が含まれる。適切な発酵とは、保存性と味覚を向上させるものをいう。微生物群の遷移は、微生物の成長培地であるザワークラウト液のpHに主に左右される。まず、発酵をスタートさせるのは大腸菌だ。我々が研究の対象としたザワークラウトには、クレブシエラ・ニューモニエ (*Klebsiella pneumoniae*)、クレブシエラ・オキシトカ (*K.oxcytoca*)、エンテロバクター・クロアカ (*Enterobacter cloacae*) などの大腸菌が含まれていた。酸が生成されると、リューコノストック属 (*Leuconostoc*) に、より適した環境が即時に整う。リューコノストック属の菌株がヘテロ型乳酸発酵を行うため、大腸菌の割合が減少し、この段階では酸の生成にともなって多くの炭酸ガスが生じる。pH値が低下するにつれ、ラクトバチルス属 (*Lactobacillus*) の菌株がリューコノストック属の菌株を引き継いでいく (ラクトバチルス属に代わって、ペジオコックス (*Pediococcus*) が発生することもある)。つまり、ザワークラウトの発酵の完遂には、pH値の低下によって生じる、おもに3種のバクテリアの遷移が大きく関わっているのである。

ウィスコンシン大学 マディソン校 細菌学科　ジョン・リンドクイスト氏

MISO
味噌

味噌は、1年以上発酵させたユニークなペースト状の食品。広島と長崎への核攻撃後、大量の放射性物質が降下するなか、生き残った人びとの体内にたまった放射能や重金属の度合いを下げるのに味噌が役立ったという話は有名だ。放射能が蔓延した世界では、こうした体を癒す術がぼくら全員にとって必要となる。味噌づくりには忍耐が必要で、できあがりを待つのがいちばん大変。でも、つくりかたは簡単だ。この滋養豊かな食べものは、冬に仕込むのがおすすめ。

材料　仕上がり約4リットル [1ガロン] ぶん
- 乾燥大豆：5カップ [US4カップ]
- 麹（米にニホンコウジカビを植えつけたもの。詳細は本項参照）：6カップ [US5カップ]
- 海塩：1½カップ [US1カップ]
- 種味噌（低温殺菌していない味噌）：大さじ2

必要な器具
- 発酵用容器。陶器の壺か、食品用の大型プラスチック製容器など
- 容器の内側にぴったりフィットする押し蓋（皿や木の板）
- 石など重しになるもの

つくりかた

乾燥大豆5カップを**一晩、水に漬け、やわらかくなるまで煮る。**一般的な材料は大豆だが、ぼくはヒヨコ豆や黒豆、スプリットピー（乾燥割れエンドウ）、レンズ豆、ササゲなどを使ったこともある。指で押したらすぐ潰れるくらいやわらかくなるまで豆を煮る。とくに大豆は、煮えるまで時間がかかるので、焦がさないよう注意。

器具類は、使う前に熱湯でしっかり**洗おう**。別の鍋の上にざるを置き、**豆の水を切る**。豆を煮た湯は鍋に蓋をし、保温しながらとっておく。

ポテトマッシャー、スライサー、粉ひき器、フードプロセッサーなどの器具を使い、好みの滑らかさになるまで**豆をつぶす**。ぼくの場合、たいていはポテトマッシャーを使って、完全にペーストにせず、豆の粒を少し残しておく。

とっておいた豆の煮汁（煮汁が少なかったり、捨ててしまった場合は普通の湯でもOK）3½カップ[US3カップ]に塩、種味噌を入れて混ぜる。よく混ざったら麹を加える。そこに潰した豆を加え、均一になるまでよく混ぜる。いつも食べている味噌より固かったら、豆の煮汁か湯を加え、好みの固さにする。これで、自分ならではの味噌になる。残るは、発酵用容器に詰める作業だ。

濡らした指に海塩をとり、**発酵用容器の底と側面にまぶしていく。**これは容器の内側の塩分濃度を高くすることで、雑菌を防ぐため。

味噌のなかに空気の入った空間ができないよう、味噌を容器に**ぎゅっと固く詰める**。上部を平らにならし、たっぷり塩をふりかけて塩の層をつくる。

押し蓋をする。容器の内側にぴったり合うようカットした木板が理想的だが、ぼくがよく使うのはちょうどよいサイズの大皿だ。押し蓋の上には重しを乗せる。ぼくは適当な大きさの石を見つけてきれいに洗い、煮沸してから使っている。ザワークラウト同様、重しは重要。重しをすれば塩でしっかりと発酵を守れるからだ。重しをしたら、ホコリや虫が入るのを防ぐため、布かビニールで容器全体をすっぽり包み、結ぶかテープで止めておくとよい。

MISO

油性ペンなどで書いた**ラベルを容器に貼る**。仕込んだ年が異なる容器が複数になったとき、ラベルの情報が重要になる。地下室や納屋など、冷暗所に保管する。

発酵するのを待つ。最初の夏が過ぎたら、秋か冬くらいに試食してみる。試食後は最上部に軽く塩をふり、注意深く蓋をしなおす。仕込みから1年経ったら食べてみよう。さらに1年後でもよい。味噌の味は、時間とともにまろやかになっていく。9年めの味噌を食べたことがあるが、よく熟成したワインのように至高の味わいだった。

開封時の注意：2～3年発酵させた味噌の容器を開封すると、表面がカビなどでかなりひどい状態になっている場合がある。それらは取り除いてコンポストにでも入れておこう。その下にある味噌は、香りも味もすばらしいはずだ。できあがった味噌は、清潔なガラス瓶に詰める。瓶の蓋が金属製なら、ぼくは蓋と瓶のあいだにろう紙をかませている。味噌のせいで金属が錆びてしまうからだ。瓶は地下室に保管している。発酵が続くと瓶に圧力がかかるので、定期的に蓋を開けよう。でなければ、冷蔵庫に保管したほうがよい。

味噌を料理するときの注意：せっかくの活きた味噌を煮すぎてしまわないように。味噌汁やソースをつくるときは、だしをとったら食べる直前に鍋の火を切り、少量のだしで味噌をといてから鍋に戻してかき混ぜる。

麹の入手方法

地元に味噌蔵があれば、麹を売ってくれないか聞いてみよう。ぼくが見つけた入手しやすい蔵はこちら：
South River Miso Co., Conway, MA 01341, telephone (413) 369-4057, www.southrivermiso.com
約450グラム［1ポンド］につき16ドルで販売している。ごはんにニホンコウジカビ（Aspergillus oryzae）をまぶし、自分で米麹をつくることもできる。参考文献にリストした『The Book of Miso』に詳しい方法が載っている。

訳注：上記はアメリカでの麹入手法。日本ではスーパーなどで売られている乾燥米麹を利用するのが手軽。ネット検索すれば各地でつくられている麹の通販サイトも多数見つかる。

AMAZAKE

甘酒

毎年冬に味噌を仕込んでいるけれど、そのときには米麹を多め
に注文しておく。甘酒をつくるためだ。甘酒の発酵はとてもド
ラマチック。ほんの数時間で、玄米のでんぷんが糖分に変わっ
てしまうのだから。できあがる甘酒は、粥状で優しい甘味があ
る。プディングにしたり、うらごしして飲みものにしてもよい。
パンケーキやパンのタネに加えると、ふわっとした仕上がりに
なる。甘酒は日本の発酵食品で、健康食品を取り扱うさまざま
な店舗の冷蔵・冷凍食品のコーナーで売られている。

材料　仕上がり約２リットル［½ ガロン］ぶん
- 玄米：2½ カップ［US2 カップ］
  （訳注：白米でつくる甘酒のほうが、より一般的）
- 水：６カップ［US5 カップ］
- 米麹：2½ カップ［US2 カップ］

必要な器具
- 約２リットル入る瓶などの容器
- 保温用のクーラーバッグ

つくりかた

玄米に水を加え、火にかける。 鍋に蓋をして約45分間、湯がほぼなくなるまで加熱する。水を多めにすると、ごはんがやわらかめに炊けて甘酒がつくりやすい。食べ残しのごはんを使うことも可能。鍋にごはんを入れて湯を少しずつ加え、ごはんの塊をスプーンかゴムベラでくずしながら弱火で熱する。

炊けたごはんをしゃもじで切りながら中央の熱を逃がすようにし、指でふれられる温かさになるまで冷ます。

容器とクーラーバッグを、あらかじめ湯で温めておく。

温かいごはんに米麹を加え、全体にまんべんなく行きわたるように混ぜてから、温めておいた容器に移す。容器に清潔なふきんをかけ、ゴムでとめるか、ゆるく容器に蓋をする。

温めておいたクーラーバッグに瓶を入れる。クーラーバッグの空きスペースが大きい場合は、すぐに温度が下がらないよう湯（触れられないほど熱くしないこと）を入れた瓶や、タオルですき間を埋める。クーラーバッグを閉じる。

8時間後に味見してみる。甘くなっていれば、できあがり。甘くなっていなければ、甘酒入りの容器を湯煎して温める。今度は発酵の温度を上げたいので、湯の温度を触れられないほど熱くしてもOK（訳注：高温にしすぎると麹の糖化酵素が働かない恐れもある。容器の中の温度は70℃くらいまでが目安と言われる）。最長8時間、保温する。

甘酒はできたてのうちにいただこう。温かくしても、冷たくしてもおいしい。そのままの甘酒も好きだけれど、すりおろしたショウガ、あぶったアーモンド、バニラで味つけするのも楽しい。

甘酒を数時間以上保存しておく予定なら、**火にかけて煮立て**、発酵を止めてから冷蔵庫に入れる。そうしないと、甘みがある段階はすぐに終わって酸味が生じ、アルコール化しはじめるからだ。日本酒は、甘酒と同じく炊きたての米に麹を混ぜたあと、多くの場合、活性化した酵母と乳酸菌スターターを加えてつくられる。

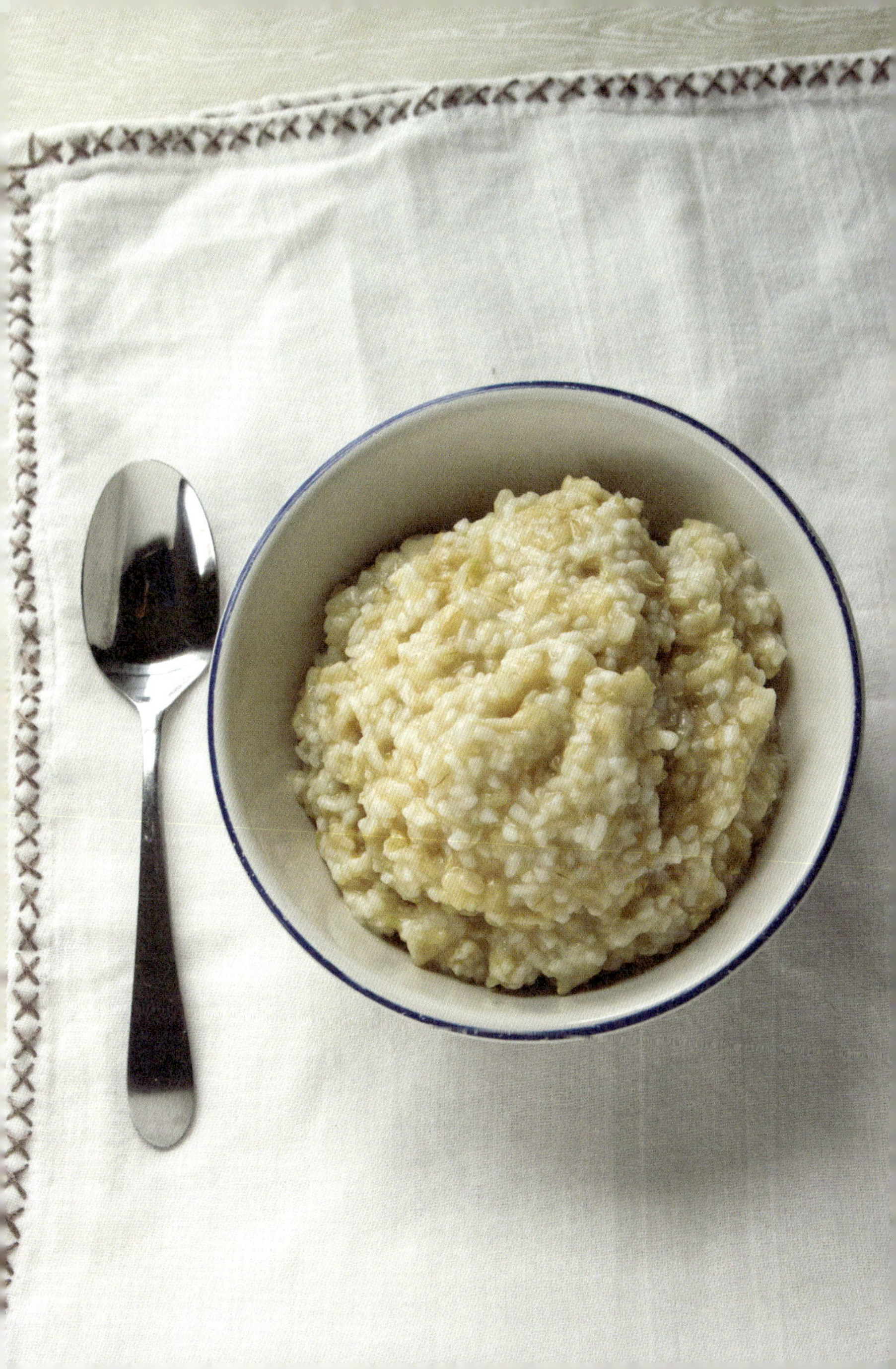

SOURDOUGH BREAD

サワードウ・ブレッド

世界中の多くの国で主食として食べられているパン。さまざまな穀類からつくること
ができ、驚くべき多様性がある。多くの優れたレシピ本が、パンづくりの細部やニュ
アンスについて多くのページをさいている。ぼくの知り合いのパン職人たちにとって、
パンづくりとはまるで、生命を躍動させるスピリチュアルなエクササイズみたいなも
のらしい。それには、心から同感する。ほかの発酵食品と同じく、パンづくりでは
酵母という生命力をもちい、それを育てなければならないし、こねる作業では全身
を使う。こねることで、小麦などの穀類にある粘りのもとのグルテンが活性化し、
酵母が繁殖するときに発生する気体で生地がふくらむ。これで軽くふわりとしたパ
ンが焼けるのだ。

それでは、いちばんベーシックなサワードウ・ブレッドのつくりかたを、順を追って
解説しよう。まず、パンをつくるとき、ぼくは材料をはからない。正しい分量は感
触でわかる。一応、ラフな分量は書いておくけれど、そんなアバウトな計量はあてにし
ないで、むしろ材料の濃度や状態に関する説明を注意深く読んでほしい。スターター
の酵母を増やして安定させるのに数日は必要だけれど、できあがってしまえば、そ
れでずっとパンを焼き続けられるし、昔からされてきたように酵母を代々受けついで
いくことだってできるのだ。一度サワードウ・ブレッドづくりを経験すると、さらに
いろいろ試してみたくなるはず。教科書通りにやらなくても OK。実験して楽しもう！

天然酵母のサワードウ・スターターをつくる

1 リットル［¼ ガロン］ほど入る瓶に、**ぬるま湯**を 2½ カップ［US2 カップ］、**蜂蜜か糖蜜**を大さじ 4、小麦粉 1½ カップ［US1 カップ］を入れて混ぜる。蜂蜜と糖蜜のフレーバーはまったく違うが、酵母を引き寄せて活性化させる役割は同じ。小麦粉はどんな種類でも OK。**しっかり混ぜ合わせ**たら、チーズクロスなど通気性のある布でカバーする。

そして、待つ。液が空気中にいる酵母を引き寄せるので、風通しがよく、暖かいところに瓶を置いておく。21 〜 27℃［70 〜 80°F］くらいの温度が理想的ではあるけれど、それぞれの環境で試してみよう。思い出したら瓶を確認すること。少なくとも 1 日 1 回は液体のようすを見て、よく混ぜる。撹拌すればするほど、液体のより多くの部分が空気中の酵母にさらされることになる。やがて液体に変化を与えるのが、その酵母たちだ。

数日で、液の表面に**小さい泡**が確認できるはず。それは酵母が活動している証拠だ。液をかき混ぜるとき液体と空気が混ざって泡が立つかもしれないが、その泡と、液自体から生じている泡が別であることに注目しよう。酵母が液に定着するまでの日数は、それぞれの環境によって違ってくると思う。つくる場所によって、その空気中に棲んでいる微生物たちの種類も違う。それが、特定地域のサワードウが独自の風味を持っている理由なのだ。

サンダー・キャッツの発酵教室

市販のイーストをひとつまみ加えることでサワードウをより早くつくる方法を勧めるレシピ本が多いけれど、ぼく自身は、魔法のような変化を遂げてサワードウになっていく純粋な酵母を見とどけるほうが愉快で好きだ。3〜4日経っても液に泡が出なければ、もっと暖かいところに移すか、市販のイーストを入れてみてもよいだろう。

最初に泡が立ちはじめてから3〜4日間は、毎日、液に少しずつ**小麦粉を追加**し（おおよそ1/3カップ[US1/4カップ]）、かき混ぜつづける。追加するのは、どんな種類の小麦粉でもよいし、なにかの調理に使って余った穀物、押しオーツ麦、全粒のキビ・アワ・ヒエ、一晩水に漬けた全粒穀物など、なんでもOK。これがサワードウの「エサ」になる。

訳注：著者の『天然発酵の世界』では、フルーツを入れて、サワードウ・スターターに酵母を招く方法も示されている。

SOURDOUGH BREAD

次第に液はドロッとしはじめ、ふくれあがったり、酵母が発するガスをためこんだりするが、基本的に液状のままにしておきたいので、もし固まってきたら水を足す。これで、とろりとしつつ、泡も立っているサワードウ・スターターのできあがり。これから焼くパンのために（このあと解説）、**その半分をボウルにとる**。瓶に**残った半分は、保存用のスターター**だ。

取り出したスターターと同じくらいの量の水を保存用の瓶に注ぎ、少し小麦粉も足しておく。少なくとも毎週パンを焼くなら、1〜2日ごとに**エサやりしてスターターを維持**しよう。パン焼きの頻度がそれより低いなら、冷蔵庫に入れ（酵母の活動がゆっくりになる）、エサやりも週に1度で大丈夫。パンを焼くときは、1〜2日前に冷蔵庫から暖かいところに出してエサやりし、酵母を活性化させておく必要がある。

スターターを使ってパンを焼く

それではボウルに出しておいたスターターに戻ろう。1½ カップ［US1 カップ］の水を加え、小麦粉、またはなにかの調理に使って余った穀物、押しオーツ麦、全粒のキビ・アワ・ヒエ、一晩水に漬けた全粒穀物などを入れて、**再びとろりとした粘度の液**にする。よくかき混ぜてから布をかけ、暖かい場所で 8 〜 24 時間寝かせる。泡の立った状態になるまで、ときどきかき混ぜよう。

泡が出てきたら、**さらに小麦粉を足し、塩少々も加える**。塩は酵母の活動を妨げるので、この工程まで入れないが、塩を入れずにパンを焼くと、単調で物足りない味になってしまう。

生地が明らかに大きくなるまでの数時間、布をかけて暖かいところに置く。徐々に小麦粉を足し、よくかき混ぜながら、生地を膨らませる。スプーンではかき混ぜられないほど粘度が高くなるまで続けよう。

SOURDOUGH BREAD

平らなこね台に打ち粉をし、その上で**生地をよくこね
る**。まず、手のひらの付け根で生地を押し込んだら、
平たく伸ばして、端を中心に持ってくるように畳み、ま
た手のひらで押し込んで伸ばし、また端を中心に畳み
込んでいくことを繰り返す……。もし、パン生地をこね
るのが初めてなら、こんな感じでやってみよう。こね
ていると、生地が少しべたついてくるかもしれないの
で、生地とこね台にさらにうち粉をする。粉が水分を
吸い上げ、生地のべたつきがなくなるはずだ。ただし、
粉を加えすぎるとパンが固くなってしまうので注意。小
麦粉の「グルテンを働かせる」ことで生地の弾力性を
高めるため、少なくとも 10 〜 15 分はこねよう。十分
こねることができたかどうか知る方法は、指を生地の
真ん中に突っ込んで、抜いてみることだ。十分こねら
れた生地であれば、へこんだ部分が押し返されて元の
形に戻るくらいの弾力が生まれている。

薄く油を塗った清潔なボウルに丸めた生地を移し、温
かいぬれ布巾で覆ったら暖かい場所に置いて、生地が
約 2 倍の大きさに膨らむまで待つ。1 時間で**膨む**とき
があれば、何時間もかかってしまうときもある。酵母
や生地、温度などの条件によって膨らむまでの時間も
変わってくるのだ。十分に膨れたら、ガス抜きをして **1
斤ずつにわけ**、また少しこねる。生地がべたつくよう
なら打ち粉をし、内側に薄く油を塗った型に入れる。

さらに **1 時間ほど寝かせて**十分に膨らんだら、200℃
［400℉］にオーブンを予熱してから焼き上げる。

SOURDOUGH BREAD

30分ほど経ったら焼き加減を確認してみよう。白い小麦粉を主につかったパンや、極端に軽く、小さく生地を成形した場合でない限り、おそらく焼き上がりまでもう少し時間がかかるはず。35分かもしれないし、1時間ほどかもしれない。あるいは、もう少しかかる場合もある。**焼き上がりの確認**は、ひっくり返して型から外し、パンの底を軽く叩いてみればよい。ドラムを叩いたときのように、中が空洞になっている感じの音がしたらOK。もし、まだのようならすぐにオーブンに戻そう。

焼き上がったら、型から外して網にのせるか、涼しい場所に置いて冷ます。冷めていく過程も調理の一環。とてもよい匂いがするが、**ぐっと我慢して待つ**。10分待てばパンの味はさらによくなっている。

以上が基本のつくりかただが、サワードウ・スターターを使ったパンの可能性は尽きない。いろんな種類の小麦粉を使ったり、調理に使って余った穀類や、水に一晩つけておいた全粒穀物を混ぜてみたり、牛乳や豆乳、発酵乳や甘酒を水の代わりに入れるのもよい。ハーブを混ぜたり、レーズンやナッツを加えることもできるし、味噌だってOK。パンは無限なのだ。

INJERA
インジェラ

インジェラとは、サワードウ・ブレッドの一種ともいえるスポンジ状に穴がふつふつとあいた薄いパンで、エチオピアの主食だ。エチオピアの食堂では、料理はインジェラをしいたトレイの上にサーブされ、それをちぎって具をのせたり、包んだりして食べる。ドロッとしたソース状の料理ならなんでも合う。インターネットで検索すると、おいしそうなエチオピアのレシピがたくさんヒットする。インジェラは、普通は前もって焼かれ、室温でサーブされる。

材料
- 小麦粉：2½カップ［US2カップ］
  （エチオピアではテフというイネ科の穀物の粉を使う。もし手に入れば、それを小麦粉や他の穀類の粉とともに使ってもよい）
- 水：3カップ［US2½カップ］
- サワードウ・スターター（もしあれば）
- ベーキングパウダー：小さじ1
- 植物油（ぼくが使っているのはキャノーラ油）：小さじ1

訳注：近年「スーパーフード」として国際的にもてはやされているテフ。国民食の値段高騰を危惧したエチオピア政府は2015年までテフの輸出を禁止していた。

つくりかた

小麦粉と水をボウルで混ぜる（金属製ではなく、ガラスや陶製のものを使う）。サワードウ・スターターがあれば、小麦粉と水をそのぶん減らして加える。よく混ぜて、薄く焼くパンケーキの生地くらいのやわらかさに。固ければ水を加えて調整する。チーズクロス（訳注：または目の粗いガーゼなど）で覆う。**あたたかい場所で発酵させ**、思いだしたときにかき混ぜる。

よく発酵しているスターターを加えた場合は約24時間、スターターなしで一から発酵させるなら約3日間置いておく。泡がたってくれば、生地のできあがり。

インジェラを焼く準備ができたら、**ベーキングパウダーと塩を加え**てよく混ぜる。焼く前に、混ぜた生地をしばらく置いておく。

ベーキングパウダーを入れると、さらに泡が増え、よりスポンジ状になる。

生地が十分に泡だっているなら、ベーキングパウダーは加えない。そのほうが本格的だ。

油をなじませた鉄製スキレット（またはパンケーキを焼けそうなフライパン）を中火で熱する。ハケなどで油を薄く塗る。

熱したスキレットに生地を流し入れ、できるだけ薄くなるようていねいに広げる。生地が薄く広がらない場合は、水を少し加えて生地をゆるめる。

全体に小さな穴があき、表面が乾くまで焼く。**焼くのは片面だけ**で、ひっくりかえさないこと。焼けたらスキレットからタオルの上に移して冷ます。

熱のとれたインジェラは**積み重ねて、タオルでくるんでおくとよい。**

サンダー・キャッツの発酵教室

ETHIOPIAN HONEY WINE
エチオピアの蜂蜜酒

しばらくビールやワインづくりにハマったが、手本にしていた醸造法の複雑なステップや、厳密な殺菌法のせいで、やる気が失せてしまった。とくに気に入らなかったのは、特定の専用酵母を活かすために、果皮にいるような野生酵母を殺すという考えかただ。ビールづくりに関するすばらしい、そして他に類を見ない書籍『Sacred and Herbal Healing Beers : The Secrets of Ancient Fermentation』（スティーブン・ハロッド・ビューナー著。p122 からの参考文献ページを参照）では、こういう考え方を「ゲルマン的」と表現している。

ビール、ワイン、ミード（蜂蜜酒）など、アルコール発酵飲料は太古から各地に広がっている。80 年代中ごろにアフリカを数か月旅したときは、ほぼすべての村に地元特産の発酵飲料があった。たいていは、ひょうたんの中で泡をたてているヤシ酒だ。だから、簡単にできて、おいしい、ボトルいらずの酒づくりが可能なことは知っていた。料理書でエチオピアの蜂蜜酒「テジュ」のレシピを偶然見つけたときは、我を忘れて喜んだものだが、その本は、一度見たきりで書名が思い出せない。でも、下記の基本的な分量とステップにしたがって、甘くておいしい蜂蜜酒をたくさんつくってきた。前掲のインジェラにとてもよく合うので、エチオピア料理の宴をぜひ。

材料
- 蜂蜜：2½ カップ［US2 カップ］（もしあれば、生で無濾過のもの）
- 水：約 2 リットル［½ ガロン］
- 乾燥ホップ：1½ カップ［US1 カップ］

必要な器具
- 約 4 リットル［1 ガロン］サイズの陶製の壺、または広口瓶
- 約 4 リットルサイズのガラス製水差し
- エアロック（訳注：日本でも手づくりビールの道具として販売されている）

つくりかた

壺か瓶で、**水と蜂蜜を混ぜる**。タオルか布で蓋をし、温かい部屋に3日間置いておく。

3日以上経ったら2½カップ [US2カップ] の蜂蜜水を取り出して熱する。熱した蜂蜜水にホップの半分を入れ、冷めるまで浸しておく。そのあと、ホップを浸した蜂蜜水と、残り半分のホップを蜂蜜水入りの壺か瓶に投入。こうする理由は、熱湯に浸すことでホップの香りを引き出し、そのまま加えることでホップについた酵母も活かすためだ。

空気を容器の中から外には出すが、外から中には入れない機能を持つエアロックがあれば、それで栓をする。もしなければ、容器の大きさに合って内圧も逃すような蓋を工夫する。

この時点で、**他のフレーバーを**加えてもよい。ぼくのお気に入りは、挽いたコーヒー豆を加えること。バナナ、レモン、ベリー、多種類のハーブを入れたこともある。**毎日かき混ぜよう。**ぶくぶく泡がたち、よい香りがしてくるはずだ。

頻繁に味見をして、でき具合を確認しよう。5日ほど経ったら、**固形物をこし、**液体を清潔なガラス製の4リットル水差しに移す。水差しがいっぱいにならなかったら、水とはちみつを4対1の割合で足す。

泡だちの勢いがおさまるまで2週間ほど置いておく。これで「インスタント」でおいしい蜂蜜酒のできあがり。完成したら、すぐ飲むか、瓶に入れて短期間で飲み切る。ぼく自身は、長期間熟成させた経験はない。

ビールやワインづくりについてもっと詳しく知りたかったら、書店や、ビール、ワインづくりの専門ショップに行けば、たくさんの参考書が見つかる。前述の『Sacred and Herbal Healing Beers』については巻末の参考文献リストにも掲載した。

VINEGAR
ビネガー

ビネガーとは、簡単にいえば酸っぱくなってダメになってしまったワインだ。前掲のテジュ（エチオピアの蜂蜜酒）を壺に入れたままにしておくと、最後はビネガーになる。

本稿では、サイダービネガーの基本的なつくりかたを紹介しよう。

できれば非加熱で無濾過の**アップルサイダー**（訳注：アルコールの含まれたリンゴ酒、シードルの類を指している）を、壺または広口瓶に注ぐ。保存料が添加されたアップルサイダーでは酵母たちが死んでしまって変化が起きなくなるので注意。容器はチーズクロスなど、目の粗い布で蓋をする。

サンダー・キャッツの発酵教室

瓶は室温で置いておく。**毎日かき混ぜて味見し**、アルコールが酸っぱい味に変化していくようすを確認しよう。気温や環境にもよるが、約4週間でビネガーができあがる。その後もビネガーをつくり続けられるよう「親」ビネガーをとっておこう。

訳注：適当なアップルサイダーが手に入らない場合、リンゴの果実やジュースからビネガーをつくる方法もある。関連の書籍やネットの情報が参考になるかもしれない。

YOGURT

ヨーグルト

ヨーグルトほど健康によいことが知られている発酵食品はない。おいしくて、つくるのも簡単だし、食事としても、デザートとしても楽しめる、極めて用途の広い発酵食品だ。ヨーグルトを頻繁に、たくさん食べれば、きっと消化器官は大喜び。

材料　仕上がり2リットル弱 [½ ガロン]
- 牛乳か豆乳：2リットル弱 [60 オンス]
- スターター用の新鮮なプレーンヨーグルト（豆乳ヨーグルトは健康食品店で入手できる）：½ カップ強 [US½ カップ]

必要な器具
- 瓶（約2リットル [½ ガロン] ほどの容量）
- クーラーバッグ

つくりかた

まず、**2リットル瓶とクーラーバッグを湯で温めておく**。つぎに、**牛乳を温める**。温度は、指を入れてみて（手を洗ってから！）熱いと感じるけれど入れたままにしておける程度、もしくは温度計で43℃ [110°F] くらい。ただ、ぼく自身は最初にミルクを低温殺菌しない。使っているのはヤギの生ミルクで、ミルクの中にいる微生物を生かしておくことに以前から関心がある。ヨーグルトをつくる前にミルクを沸騰

させる人も多い。そうするとヨーグルトが濃くなるのだ。沸騰させるなら、ミルクを焦がさないよう頻繁にかきまぜよう。熱した鍋は、冷たい水を張ったボウルか大鍋に浮かべて、できるだけ素早く、指が入れられるくらいまでミルクを冷ます。

スターターのヨーグルトを温かいミルクに入れて混ぜる。よく混ぜたら、温めておいた瓶に移して、ゆるく蓋をする。

温めておいたクーラーバッグに瓶を入れる。クーラーバッグの空きスペースが大きい場合は、湯（触れられないほど熱くしないこと）を入れたボトルやタオルですき間を埋める。クーラーバッグを閉じる。クーラーバッグは温かい場所に置いておく。

8〜12時間後にヨーグルトをチェックする。酸味が出て、ドロッとしていればOK。菌種や環境によってヨーグルトの固さはさまざまになる。

できあがったヨーグルトは、冷蔵庫で数週間は保存できる。**次のヨーグルトづくりのためにスターター・ヨーグルトをとっておこう。**何度もつくっているうちに発酵の勢いが弱まってきたら、別のヨーグルトをスターターに加えて発酵の勢いを取り戻そう。

TARA AND KEFIR

タラとケフィア

最近、野草食のグル、スーザン・ウィードのワークショップに参加した。『Healing Wise』など、何冊かのすばらしいハーブに関する本の著者だ。ホームメイドのおいしいヤギチーズを食べさせてくれたスーザンに、自分のヤギのことを話したら意気投合。ヨーグルトとチーズづくりの話題に花が咲いた。ぼくが帰ろうとするとスーザンは、カード（凝乳）状の培養菌が入ったビニール袋をくれた。ヤギのミルクに入れて使うのが好きだという。彼女は、それを「タラ」と呼んだ。

スーザンは、チベット僧侶の友人からこの培養菌を譲りうけたそうだ。その友人はタラをチベットから運んできたのだという。ぼくがこの培養菌をもらったとき、ちょうど自宅にヤギの生ミルクがなかったので、店で買った全乳と培養菌をビンに入れて混ぜ、室温のまま約24時間置いておいた。これでできる甘い乳酸飲料は、とてもおいしい。

チベットの発酵食品タラは、「ケフィア」としてのほうがよく知られている。コーカサス地方・中央アジア地域がその起源だ。ケフィアという名の商品は健康食品店でも売られているが、「ケフィア粒」を使って家で手づくりできるものとはあまり似ていない。発酵後のミルクを濾したあとに残る、カードに似た酵母のコロニーを使って次のケフィアをつくる。

ケフィアづくりはとても簡単だ。温度管理は必要ないし、たった1日でできる。いちばん大変なのはケフィア粒を手に入れることかもしれないが、ケフィア・ファンのオンライングループもあり、新たなユーザーに粒を喜んで分けてくれる（訳注：日本でもケフィア粒をウェブ通販などで入手可能）。

本章では、簡単なつくりかたを紹介しよう。

瓶の 2/3 ぐらいまでミルクを注ぎ、ケフィア粒を加える。ケフィアをしゅわしゅわ発泡させたいなら蓋をしっかりと締め、そうでなければゆるくしておく。ミルクを飲まない人向けの代用食材は、豆乳、ライスミルク、ナッツミルク、ジュース、はちみつ水など。

室温で 24 時間置いておき、瓶内を定期的にかき混ぜ、最後にケフィア粒は濾す。

それではケフィアを**楽しもう。**保存は冷蔵庫で。粒は次のケフィアづくりに使おう。粒はミルク（あるいは、それに類する溶液）に入れておけば、冷蔵庫で 2～3 週間保存できる。冷凍すれば 2～3 か月、乾燥させれば 2～3 年保管しておける。

サンダー・キャッツの発酵教室

BUTTERMILK

バターミルク

バターミルクは、パンケーキやビスケットなど焼き菓子の材料として使うとすばらしい風味が出る。市販されている生きた発酵物であるバターミルクを、プレーンなミルクに加え、室温で約 24 時間おいておくと、全体がバターミルクになる。冷蔵庫で数か月間保存できる。

SOUR CREAM
サワークリーム

ぼくの場合、ヤギの生ミルクのせいで冷蔵庫のスペースがなくなってしまったときや、チーズをつくるのがめんどうくさいとき、1ガロンのミルクにゆるく蓋をしてキッチンカウンターの上に置いておく。ミルクの中や空気中の菌のおかげで乳糖が乳酸に変わり、数日後にはミルクが分離する。上部に浮いているクリームをすくいとってみると、なんと、酸っぱくなっている！　この味が酸っぱすぎて好きではないという人もいるが、ぼくにとっては酸味の強い、おいしいサワークリームなのだ。

ヨーグルトやケフィアでも、同じことができる。これらの発酵物を室温で放置すると固まって、すばらしい味わいと舌ざわりのチーズになる。

CHEESE
チーズ

チーズのつくりかたは無限にあり、その種類も無数だ。

ヤギを飼い、ミルクがたくさんとれるようになったので、ぼくと同居人たちは頻繁にチーズをつくっている。

今から紹介するのは、最も基本的なチーズのつくりかたで、最初にできるものは発酵食品ではないが、これを熟成させると菌が取り込まれる。

ミルクを煮立つまで熱する。焦げないよう注意して、頻繁にかきまぜよう。

**レモン果汁とビネガー、またはどちらか
を**、ミルクが凝固するまで加える。

凝固したミルクをチーズクロスで包み、余分な水分を絞りだす。これは農家がつくるチーズ。舌ざわりはリコッタに近く、ラザーニャ、ブリンツ、イタリア風チーズケーキにもってこい。さらに水気を切るとインド風のチーズ、パニールになる。

凝固したミルクの塊をチーズクロスで包む。まな板など平らな板の片方の下にものを置いて傾かせ、その上に塊を載せる。もう１枚の平らな板をチーズの包みの上にのせてはさみ、**それを押して水分を絞りだす**。この状態で数時間以上置いたあと、チーズクロスを開くと、チーズは形が崩れない固さになっている。

その他に、チーズの塊をやや熟成させる方法もある。**水分を切った凝乳に塩を加えてよく混ぜる**。塩の量によって、味、硬さ、チーズの微生物環境が決まってくる。

チーズクロスの四隅を合わせ、フックなどを使って**ボウル上にチーズを吊るし**、滴り落ちる水分をボウルで受ける。

1日か、1週間、または1か月経ったら、中のチーズを食べてみよう。特定種のチーズのレシピを厳密に守らなくても、それぞれユニークなチーズができあがるだろう。

チーズづくりにはレンネットも使える。ごく低温でもミルクを凝固させられ、硬いチーズをつくれる酵素だ。レンネットを使えば、熱を入れたときとは異なり、ヨーグルトやケフィアといった発酵乳を、中に含まれる菌を殺さずにチーズにすることができる。動物由来または植物由来のレンネットは「New England Cheesemaking Supply Company」(www.cheesemaking.com) で購入できる。ここでは、さまざまな種類のチーズ酵素が販売されている（訳注：日本では通販などで入手可能）。

TEMPEH

テンペ

テンペはインドネシアの大豆発酵食品。

テンペはわざわざ手間をかけてホームメイドするかいのある発酵食品だ。健康食品店で売っている冷凍テンペに文句はないが、たっぷり味つけしないと食べられないほど味気がない。できたてのテンペは、リッチで、独特で、すばらしい風味と舌ざわりがある。本書に紹介した食品のなかでは温度管理がいちばん大変だが、それだけの手間をかける価値は十分にある。

テンペには、テンペ菌（*Rhyzopus oligosporus*. クモノスカビの一種）が必要だ。テンペ菌は下記で安く入手できる。

- G.E.M. Cultures http://www.gemcultures.com/
- Tempeh Lab　　　https://thefarmcommunity.com/the-tempeh-lab/

（訳注：日本の業者によるテンペ菌通販サイトもある）

ザ・ファームという、かつてかなり有名だったテネシーのコミュニティ内にテンペ・ラボ（Tempeh Lab）がある。ザ・ファームは、テンペを初めとする大豆製品の人気を米国内で高めた立役者だ。『The New Farm Vegetarian Cookbook』(参考文献リストに情報あり)には、かなり詳細なテンペのつくりかたが載っている。

なかなか難しいのは、約 30℃前後 [85 〜 88°F] の温度を 19 〜 26 時間た
もつこと。ぼくはたいてい、プロパンガス式のオーブンを種火だけつけて、メ
イソンジャーの蓋などをつっかいにして扉を半開きにし、オーブン内が熱くなり
過ぎないようにして利用している。また、晴れた日中は温室に、夜間は薪ストー
プで暖かくした小部屋に置いて大量のテンペを発酵させたこともある。発酵中
のテンペは、空気が循環する環境に置いておくこと。それぞれの方法を発明し
て、テンペづくりを成功させよう。

材料　(8 〜 10 人ぶん)
● 大豆：3 カップ [US2 ½ カップ]
● テンペ菌：小さじ 1
● 生のアップルサイダービネガー：大さじ 2 (訳注：普通の酢でも OK)

必要な器具
● 清潔なタオル
● ジッパーつき保存ビニール袋 (大サイズ 3 枚)、あるいはオーブンの
　天板とアルミホイル

つくりかた

穀類用のミルで大豆を粗く砕く。粗さの目安は、豆がみな、2、3 片に割れ
ている程度。こうするのは、大豆を早くやわらかくするためと、テンペ菌が繁
殖する表面積を大きくするため。ミルがなかったら、一晩水に漬けてやわら
かくしてから、大豆を粗めに叩くか、粗くフードプロセッサーにかけてもよい。
ただ、豆を砕かず丸ごと使っても問題はない。小粒な豆を使うのもよいだろう。

塩は入れずに、食べられそうな固さになるまで豆を茹でる。極端にやわらか
くする必要はない。発酵で豆がやわらかくなるからだ。豆を茹でているとき
にかき混ぜると、泡とともに豆の皮が表面に上がってくるので、皮と泡はすく
いとって捨てる。

豆が茹だったら、ジッパーつき保存ビニール袋2〜3枚を用意し、フォークを使って**約5センチ間隔で穴をあける**。このバッグを豆でいっぱいにすればテンペの成型ができ、穴を通じて発酵に必要な空気の循環も起きる。ジッパーつき保存ビニール袋は使用後に洗ってしっかり乾かしてとっておけば再利用可能。そのほか、オーブンの天板に大豆を約2センチの深さでしいて成型し、約5センチ間隔の穴をフォークであけたアルミホイルで覆うという方法もある。

豆の用意ができたら、水を切り、清潔なタオルの上に全部または一部を広げる。**タオルは豆の水分を取るために使う**。テンペづくりで一番問題になるのは水分だ。水分が多すぎると、とても食べられたものではない悪臭を発することがある。大豆をタオルでくるんで軽くたたき、表面の水分のほとんどをタオルで吸い取る。必要ならタオルを2枚使おう。大豆とこれだけ仲よくなれる機会はそうないので、楽しんでほしい。

水気を吸いとった茹で大豆をボウルに入れる。**ビネガーを加え**て混ぜ、さらにテンペ菌を加え、まんべんなく大豆に混ぜ込む。あらかじめ用意しておいた**穴を開けた袋に、この大豆をスプーンで入れ**、均等に広げる。袋のジッパーをしっかり閉めたら、発酵しやすい環境に置く。同様に、オーブンの天板を使う場合は、大豆をまんべんなく広げ、穴をあけておいたホイルで覆う。

約30℃前後[85〜88°F]で19〜26時間ほど発酵させる。発酵時間の半分くらいまではドラマチックな変化は起きない。だから、テンペづくりは夕方にスタートし、一晩は放っておいて、翌日に始まるエキサイティングなドラマを観察しよう。白くてふわふわしたカビが、豆という豆のあいだに生え始める。熱を発し始めるので温度に注意し、必要に応じて周辺の温度を下げたりして調整する。カビは次第に厚みを増し、豆どうしがくっついてしっかりとまとまり、マットのようになる。テンペからは、マッシュルームや赤ん坊のような、素朴なよい香りがしてくるはずだ。最終的にカビは、あけた穴の付近から灰色や黒の斑点になり始める。灰色や黒の大きな斑点が現れたら、できあがりだ。

袋や天板からテンペをとりだし、室温まで冷めたら冷蔵庫に入れる。**テンペは生では食べないほうがよい。**薄く切って味つけせずにソテーし、その独特な味わいを確かめてみよう。さらに、好みの方法で料理してもOK。テンペづくりでは、豆に穀類を混ぜることもできる。そのさい、穀類は豆と別に茹でる。水分を飛ばすように茹でればタオルで水分を取る必要はない。

TEMPEH REUBENS
テンペのルーベンサンド

ぼくのフェイバリット・テンペ料理は、ルーベン・サンドイッチ。

このサンドイッチには、パン、テンペ、ザワークラウト、チーズという4種類の発酵食品を使う。

かるく油をひいたフライパンで、薄くスライスしたテンペをソテーする。パン(ライ麦パンがベスト)にサウザンアイランド・ドレッシング(ケチャップ、マヨネーズ、ハーブを混ぜたもの)をぬる。その上に、炒めたテンペの薄切りをのせる。

テンペの上にはたっぷりのザワークラウトを、ザワークラウトの上には、スライスしたスイスチーズ(またはお好みのチーズ)をのせる。チーズが溶けるまで、グリルまたはトースターで焼く。オープンサンドでいただこう。

そして、ルーベン・サンドといえば、ピクルス。これをつけあわせるのをお忘れなく。

BRINE PICKLES

塩水で発酵させたピクルスについて

ニューヨークで育ったぼくが体験したユダヤの伝統の多くは、食を通じたものだ。とくに酸味のあるピクルスに対しては一家言ある。店で売られているピクルスのほとんどは、酢に漬けて保存されているが、ぼくにとってのピクルスは塩水で発酵させたものなのだ。

塩水ピクルスづくりは、けっこう気をつかう作業だ。あまり長期間置いておくことができないからだ。ぼくが最初に塩水ピクルスづくりを試みたときは、材料がやわらかくなりすぎ、ボロボロに崩れてしまった。数日放っておいたのだけれど、暑いテネシーの夏に対し、塩分濃度が十分ではなかったのかもしれない。

「完全は不完全に宿る」

これは、ぼくのマントラ（座右の銘）のひとつ。こと発酵に関しても、これはぴったり当てはまる。実験で何度か

失敗するのは当然。だって、ぼくらが取り扱っているのは、気まぐれな生命の力なのだから。

マンハッタンのローワーイーストサイドにあった「ガスズ・ピクルス」の屋台、アッパーウェストサイドの「ゼイバーズ」で売られていたピクルス、どこかの高級健康食品店にあった「バビーズ」のピクルスなどなど、おいしいガーリック・ディル・サワーピクルスを食べたいという、ぼくの心の奥底からわき上がる欲求は止まらない。

おいしいピクルスの条件のひとつは、歯ごたえがよいこと。生のぶどうの葉には、ピクルスの歯ごたえを保つ効果がある。入手できるなら、使ってみることをおすすめする。サワーチェリー、カシ、ホースラディッシュの葉も、塩水ピクルスの葉ごたえを保つのに効果がある。

ピクルスづくりの大きなポイントは、キュウリのサイズ、塩水の濃度と温度だ。ぼくが好きなキュウリのサイズは、大型よりも小型か中型。大型だと堅すぎるうえ、中央が空洞になっていることが多い。とはいえ、サイズをそろえることにはこだわらない。食べるときは小さなものから。サイズが大きいほど、発酵に時間がかかるからだ。塩水の塩分濃度は、溶液内の塩の重量のパーセンテージで表され、発酵の進み具合に作用する。

塩分濃度10%の塩水でつくるピクルスは発酵がゆっくりで、長期間もつ。かなり塩辛くなるので、食べるときは水につけて塩抜きをし、食べやすくする必要がある。約3.5%の塩水に漬けた低塩ピクルスは酸味が弱く、発酵は早いが長くはもたない。次に紹介するレシピでは5%の塩水を使う。温度も、発酵の度合いを決める要素だ。キュウリ栽培が最盛期を迎えるころ、気温が30℃[90°F]台に上がったなら、塩水の濃度を少し高めて発酵のペースを抑え、発酵の進み具合を毎日チェックしよう。

PICKLES

ピクルス

材料　約 4 リットル［1 ガロン］ぶん
- 中〜小サイズのキュウリ：約 2 キロ［4 ポンド］ぶん
- 塩：½ カップ弱［US3/8 カップ］
- 花付きの生のディル、もしくは、なんらかのディル（生、乾燥、種など）
- ニンニク：多めに
- ぶどうの葉（もし手に入れば。キュウリの歯ごたえを保つ）
- 黒コショウ粒

必要な器具
- 分量の入る陶製の壺、または食品用のプラスチック製容器。筒形であることが重要。
- 壺や容器の内側にぴったり収まる板（押し蓋にする）
- 水をいっぱいに入れた約 4 リットル入りのボトル、または、煮沸消毒した大型の石（重しにする）
- 布カバー

つくりかた

キュウリは傷をつけないようにし、先端の花を落とさないよう**やさしく水洗いする**。その日に収穫したてではないキュウリを使う場合は、冷水に 2 〜 3 時間漬けてしゃきっとさせる。

約 2 リットル［½ ガロン］の**湯を沸かし**、そこに約 ½ カップ［US3/8 カップ］の**塩を溶かして**濃度 5% の塩水をつくる。湯を沸かすのは塩を完全に溶かすためだ。その後、指で触れられるようになるまで湯を冷ます。
（訳注：1900 ミリリットルの水または湯に 100 グラムの塩を混ぜれば、塩分濃度 5%、分量 2 リットル弱の食塩水ができる）

塩水を冷ましているあいだ、しっかりと洗った容器の底に、**ディル**を数束、ニンニク数片、**黒コショウ粒**少々、生の**ぶどうの葉**数枚を入れる。

容器にキュウリを詰める。

キュウリがかぶるくらいに塩水を注ぎ入れ、清潔な板をのせる。その上に、水を入れたボトルや煮沸消毒した石をのせて**重しにする**。重しをしたときに板が塩水の表面より上に出てしまう場合は、5%の塩水をさらに加える。

サンダー・キャッツの発酵教室　　　　　　　　105

ホコリや虫が入らないよう布で容器をおおい、**冷暗所に保管する**。容器は毎日チェックし、浮きカスがあればすべてすくいとり、数日経ったらピクルスの味をみてみる。

ピクルスが**発酵していく過程**を楽しもう。容器は毎日チェックする。**1〜4週間でピクルスは完全に酸っぱくなる**。そうなったら冷蔵庫に保管し、発酵を抑えながらいただこう。

CAPERS
ケイパーとミルクウィードについて

ケイパーは植物の名だが、市販されているケイパーの風味は、それを塩水に漬けることで生まれている。友人のリサ・ラストとぼくはケイパーを食べながら、そのすばらしさについて語りあった。ファッションと同じように料理も、ちょっとしたアクセサリーでまったく違うおいしさが生まれるものだ。さらにリサは、こんもりと茂るミルクウィードの木に鞘ができているのに気づき、それをケイパーのように塩水に漬けてみることにした。できあがったものは、はっきり言って、店で売られているケイパーよりもおいしかった。どこにでも生えている雑草からとれた材料でつくったものだというのに。

材料　　仕上がり約1リットル［1クオート］ぶん
- ミルクウィードの鞘：1リットル相当
- ニンニク
- 塩

つくりかた

ミルクウィードの鞘を摘む。鞘は、花が散ったあとにできる。まだ小さなうちに摘みとるようにしよう。500cc［US2カップ］の湯を沸かし、大さじ2杯の塩を加えて溶かし、塩水をつくる。

手で触れられるようになるまで冷ます。

ミルクウィードの鞘と、皮をむいたニンニクひと房ぶん、あるいは、飽きずにむける量のニンニクで1リットル瓶をいっぱいにする。鞘が隠れるまで塩水を注ぐ。塩水が足りなかったら、塩と水を足して補おう。

重しをのせて鞘を塩水に沈める。ぼくは、1リットル瓶にすっぽり入る小さな瓶を重しにしたが、各自いろいろ工夫してみよう。とにかく大切なのは、鞘を完全に塩水に沈め、保護することだ。

毎日味見する。4日後ぐらいだと、味は良くなったが、まだ青くさかった。1週間経つと、かすが少々、表面に浮き上がってきた。それらをすくいとったあとに味見してみると、「ケイパー」がすっかり完成していた。**冷蔵庫で保管し**、必要に応じて使おう。

訳注：ミルクウィードは北米に多く自生する植物で、和名はオオトウワタ。その種類によってあるいは食べ方によっては毒性があるとも言われるのでご注意を。花が咲いたあとにできる鞘のほか、花のつぼみ（こちらのほうがケイパーに似ている）もピクルスにする例があるようだ。

KIMCHI

キムチ

キムチもぼくが長年愛している塩水発酵食品。種類も多様な韓国の漬物だ。キムチはザワークラウトに似ているが、異なる点がある。白菜を早くやわらかくするため、大量の塩で漬けたあとに塩を洗い流し、低塩の状態で発酵させるプロセスはそのひとつだ。また、キムチはスパイシー。ショウガ、ニンニク、唐辛子を大量に使うのだ。そして、キムチの発酵はザワークラウトよりも早い。ザワークラウト同様、大きな壺で漬けることもできるが、1リットル瓶で少量つくるレシピを掲載した。

材料　　仕上がり1リットル [1クォート] ぶん
- 大玉の白菜：1個
- 海塩
- 小さめの大根：1本
- ネギ（青い部分を含む）：1〜2本
- ニンニク：2〜3かけ
- 唐辛子：1〜2本（辛さの好みに合わせる）
- 生のショウガ：小さじ2

つくりかた

約1リットルの水（US4カップ）と大さじ2杯の**塩を混ぜる**。白菜をざく切りにし、やわらかくなるまで数時間から一晩、塩水に漬ける。

その他の材料を用意する。大根を薄切りに、ネギを千切りにする。ショウガはおろし金でおろす。ニンニクと唐辛子をみじん切りにしてショウガと混ぜてペーストをつくる。

白菜を塩水から上げ、何度か水を変えてよく洗う。

110

白菜に大根と葱の千切りを混ぜ、そこに塩大さじ1ほどを振り、ニンニク、ショウガ、唐辛子のペーストを加える。

すべての材料をよく混ぜ、清潔な1リットル瓶に詰める。 野菜が隠れるくらい水を加え、ゆるく蓋をする。

キムチの味は毎日見る。 数日間発酵させ、十分に発酵が進んだら冷蔵庫に移して発酵のスピードを遅らせる。

A NOTE ON CHOCOLATE
チョコレートについて

収穫されたカカオ豆が、焙煎されるまえに、発酵の過程を経て香りと品質を高めるのだと知ったときはワクワクしたものだ。とはいえ、その簡単な自家製レシピとなると難しい。

チョコレートは大好きだし、チョコレートを材料になにかをつくるのも好きだが、カカオ豆を加工するチョコレートづくりそのものにたずさわった経験はない。15年ほど前のアフリカ旅行中に出会った、チョコレートを食べたことがないカカオ豆農家の存在には複雑な気持ちになった。この甘い菓子の生産者と消費者は、ともに製造の工程から隔離されている。ぼくたちが暮らすグローバル・ヴィレッジでは、労働と消費が遠ざけられている。これも、昔から続くそんなストーリーのひとつだ。

カカオは収穫するとすぐに発酵しはじめる。カカオ豆はカカオの種子であり、甘くてジューシーな果肉に包まれている。味わってみると実に美味なこの果肉が自然発酵することで、カカオ豆の風味が良くなり、豆を包む「パルプ」も取り外しやすくなるのだ。カカオ豆はその後に焙煎、摩砕されチョコレートへと加工される。

A NOTE ON COMPOST
コンポストについて

最近ぼくは、庭でコンポスト・ティーを使っている。コンポスト・ティーとは、馬の堆肥、海藻、コンフリー（ヒレハリソウ）の葉、魚の死骸、水などをいっぱいに詰めて泡立たせたゴミ樽にたまるお茶のような液体のこと。これを水で薄めて、肥料として植物に与えているのだ。

ケフィアを飲み、ザワークラウトを食べ、サワードウに栄養を与えていると、コンポスト・ティーも、こうした泡立つ発酵物たちによく似ているので、はっとした。どちらも、生命に満ちて、栄養豊か。これも、まさに発酵。生と腐敗のダンスの、ひとつの局面なのである。

AGITATION
発酵と社会の変革について

「発酵」を意味する英単語 "fermentation" には、「発酵」以外の意味もある。"ferment" という英単語のコアイメージは、「広がること」「変化すること」「変化のための動きをあおること」だ。『アメリカン・ヘリテージ英語辞書』によれば、"fermentation" の第二の意味は「混乱、騒動、扇動」である。ぼく自身は、この意味においても "fermentation" というものにコミットしていると思っている。

変化の担い手として、ぼくは発酵と文化を操るもの（Cultural manipulator）であり、一種の破壊者であることを誇りにしている。

発酵食品がブクブクと泡をたてている。そんな菌や酵母たちが起こす変容の魔法を目にすることがあったら、想像してみよう、社会秩序に対して変容の泡を放ち、人びとを揺り動かす変革の担い手となった自分を。発酵食品をつくって、家族、友人、仲間たちに元気を与えよう。人びとに生命を謳歌させるパワーを秘めた素朴な発酵食品は、スーパーマーケットの棚に並んだ生命力のない工業製品とは正反対の存在なのだ。

変容をもたらす菌と酵母たちの活動からインスピレーションを得たら、こんどは、みずからの人生に変革をもたらす番だ。

AGITATION / ANNOTATION

ANNOTATION
発酵の文化史

メイン州ボウドイナムの友人、エド・カランとその子どもたち、ケイティとロマンが暮らす家で、ぼくはこれを書いている。たまにはコミュニティ暮らしの緊張から離れて休息することも必要だ。彼らがぼくと、ぼくの携える発酵中の瓶や壺を受け入れてくれることに感謝している。ぼくがこの本を執筆したり、その内容について話したりしていたら、エドの父であるボブが、ブリタニカ百科事典1944年版の第9巻（Extraction to Gambrinus）を見せてくれた。本を中心に、あらゆる種類のとりとめないものを熱心に蒐集するコレクターのボブが持ってきた辞典には、発酵に関する記述がふんだんに掲載されていた。権威ある文献だから、お高くとまった断定的な文章ではあるけれど、ぼくたちが「発酵」と呼んでいる変容のプロセスに対する人類の認識の変遷を辿った文化史が、そこには記されている。少なくとも8000年以上は人類が享受してきたと考えられているのが「発酵」なのだ。その長々とした記事から、有益と思われる、そして詩的でもある箇所を以下に抜粋してみよう。

サンダー・キャッツの発酵教室　　119

「酵母は、現代では生物であることが知られるようになった。酵母の胞子は空気中の塵に付着するため広範囲において観察される。糖分を含む食材を空気に接触させると、ほどなく発酵が起こるのはそのためである。このような空気中の微生物が発見される以前、発酵物や酵母は偶然に生じると考えられていた。神秘的な力によって物質中に生じる、あるいは、太古から存在している酵母に起因すると考えられてきたのだ。後者の説は真実に近く、酵母を生物に類似するものとして捉えている。実際、現代においても、コーカサス地方のイスラム教徒たちにケフィア発酵物の起源に関して問えば、最初のケフィア粒はアラーがもたらしたと主張することだろう。新約聖書において神の国は、あるときは植物の種子に、あるときはパン種にたとえられたのではなかったか？ だとするなら、人類が、酵母を生物であると認識したり、発酵を生命と近似した過程であると考えたことは近代になるまでなかったという、錬金術の物質主義的思想に端を発する推論は、誤っているのではなかろうか」

「発酵の技法の起源は、いつか特定できぬほどの太古にさかのぼる。そして、現代において斬新だと考えられることの多くを、古代人はすでに知っていたのである」

「しかしながら、こうした古代からの実践が、18〜19世紀初頭の思想に影響を与えた形跡は、ほとんど見受けられない。生気論（訳注：生命現象は物理的、化学的現象とは異なり、独特の原理＝活力に基づくとする説）の信憑性は失墜し、当時の不完全な顕微鏡による新発見もさほど評価されなかった。急進展した化学が最先端となり、有機化学は生理学、医療、農業を学ぶための基礎して確立された。たとえば、発酵の過程は極小の生命から影響を受けている可能性があるといった不明瞭かつ未知の説を発表しようとする試みは、時代遅れと断じられ、生気論的であるとの烙印を押されたのである」

「人類の目を極小生物の世界へ開かせたのは、ルイ・パスツール（訳注：フランスの生化学者・細菌学者。1822-95年）である。あらゆる形式の発酵が、驚くべき速度で増殖する微生物の生態と関連づけて示された。発酵、腐敗、そして当時は自然燃焼現象と呼ばれていた、死んだ有機物が無機物へと分解するゆっくりとした燃焼過程は、すべて微生物によって起こり、その生命が死滅すれば止まると考えられるようになったのである」

「一般的に『発酵』という語は2つの意味を持つ。ひとつはアルコール発酵。これは産業的に非常に重要であることから、そのほかの種類の発酵の影を薄くしてしまった。もうひとつは、動植物の生命に関連して起こる多彩な変化をつかさどる発酵である。しかしながら、学術的にいえば、この2つの現象は同根だ。あいまいさを避けるのであれば、『発酵』という言葉は、細胞の成長と増殖という生命活動の全過程であり、細胞の内部・周囲・外側のいずれかにおいて、細胞の生成物によって生じる分解作用であると説明できよう。その一方、個々の発酵の作用を生体組織と切り離して考えるとき、あるいは、議論を進めるために細胞の生命とは無関係だと仮定するときでも、『酵素の働き』というとっておきの方法で説明することができる」

サンダー・キャッツの発酵教室

INFORMATION
参考文献

● Sandor Ellix Katz, Wild Fermentation: The Flavor, Nutrition, and Craft of Live-Culture Foods (Chelsea Green, 2003, 2016).『天然発酵の世界』サンダー・E・キャッツ著、2015年、築地書館刊. 本書を補足する書籍。

● Sandor Ellix Katz, The Revolution Will Not Be Microwaved (Chelsea Green, 2006). 食に関するオルタナティブな思想や運動の探究。

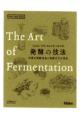

● Sandor Ellix Katz, The Art of Fermentation (Chelsea Green, 2012)『発酵の技法 ―世界の発酵食品と発酵文化の探求』サンダー・E・キャッツ著、2016年、オライリージャパン刊. 発酵に関する10年以上の研究をまとめた書籍。著者の発展し続けるアイデアをさらに拡張した内容。

● Stephen Harrod Buhner, Sacred and Herbal Healing Beers: The Secrets of Ancient Fermentation, Siris Books, 1998. 醸造に関する知識や伝承、そしてシンプルで理にかなった方法がたっぷり詰まった、かなり異色のホームブルーイング書。

● Louise Hagler and Dorothy R. Bates, editors, The New Farm Vegetarian Cookbook, Book Publishing Co., 1989. 最も詳細なテンペの解説がある。写真とトラブルシューティング・ヘルプが充実。昔ながらの野菜レシピも多数紹介されている。

● Aveline Kushi, Aveline Kushi's Complete Guide to Macrobiotic Cooking, Warner Books, 1989. マクロビオティックのグルである久司道夫の妻が、塩水を使った日本の漬物の技法を多数伝授。

● Daniel and Judith Blahnik, Bread Alone: Bold Fresh Loaves From Your Own Hands, William Morrow & Co., 1993. とても優れたサワードウ・ブレッドづくりの技法が、非常に詳細に説明されている。アイデアのバリエーションも豊富。

● Bill Mollison, The Permaculture Book of Ferment and Human Nutrition, Tagari Publications, 1993. 世界中の発酵食品をはじめとする保存食や、食品を変容させる技法の調査を「パーマカルチャー」の創設者兼グルが百科事典的に紹介。まさに、発酵フリークのバイブル。

● William Shurtleff and Akiko Aoyagi, The Book of Miso, Ballantine, 1981. 多種類の味噌や自家製麹のレシピをはじめとする情報や、レシピのアイデア、想像を超える味噌に関する伝承を掲載。

● Linda Ziedrich, The Joy of Pickling, The Harvard Common Press, 1998. 塩水を使ったピクルスやザワークラフト、キムチなど、多種類の漬物づくりの詳細に加え、役立つトラブルシューティング・ガイドも掲載。

以上、特定の菌を取り込む方法を記した情報源を紹介したが、それ以外の菌を入手して発酵の冒険をしたくなったら下記を参照するとよいだろう。
● CulturesForHealth.com
● Yemoos.com

～サンダー・キャッツが日本にやってきた～
発酵オタクたちのすんき旅

THE JAPANESE EDITION'S SPECIAL FEATURE
日本語版特別記事

取材・文　おのみさ
撮　　影　間部百合
取材協力　宇川静

すんき発酵旅のはじまり

2016年の終わりころ、私はサンダー・キャッツさんと一緒に、長野県の木曽町を旅した。英語も話せない、もちろんキャッツさんとの面識もない私がなぜ、発酵食カルチャーの生みの親とも言うべき御大と旅をすることになったのか。それはキャッツさんとの共通の友人であるフォトグラファー・間部百合ちゃんからの、1通のメールがきっかけだった。

「キャッツさんが今度日本に遊びに来るらしい。そのときに日本の、昔ながらの発酵食品を教えてほしいって言われてるんだけど、どうしよう？」と百合ちゃんに相談され、真っ先に思い浮かんだのは、木曽地方でつくられている「すんき」という漬物だった。

すんきは塩をまったく使わずに乳酸発酵しているという、世界でも珍しい、赤かぶの葉の漬物である。一般的な漬物は塩漬けにして、塩に強い乳酸菌を増やし、塩と乳酸発酵で腐敗を防ぐのだが、すんきは無塩で乳酸発酵させるのだ。最初はその酸っぱさに驚くが、食べ続けると乳酸菌特有の爽快な酸味の中に独特の旨味があり、削り節と醤油をちょいっとかけると、たまらんおいしさなのだ。木曽町にはすんき以外にもどぶろく、玉造り味噌(※1)の蔵、酒蔵などもあり、おいしい発酵食品の宝庫。ここならばキャッツさんもきっと喜んでくれるだろうと思い、百合ちゃんと、木曽町役場の都竹亜耶さんも巻き込み「キャッツさんおもてなし・すんき発酵旅」がはじまった。

※1 木曽町の玉造り味噌　蒸した大豆をつぶし、丸めて味噌玉をつくり、麹菌をまぶして室に置き、麹菌を繁殖させる。その後に米麹と塩を加えて熟成させた味噌。時間をかけて発酵させているので、複雑な味わいが生まれる。

すんき、シンキ、サイロ

私たちの前に現れたキャッツさんは赤い帽子、青い上着、黄色のマフラー、紫色のパンツをお洒落に着こなす、長身のナイスガイ。荷物もスーツケースではなくバックパックというところがキャッツさんらしい。私と初対面にもかかわらず、ニコニコしていてとても穏やかな雰囲気だ。車での移動中、すんきの話をすると「すんき？ チベットやネパールにも、無塩の、酸っぱい赤いラディッシュの漬物があって、名前が Sinki（※2）って言うんだ」と言うではないか。英語も話せないくせに思わず「Really?」などと叫んでしまった。

すんきの起源は 300 年以上前と言われるが、どこでどうやってできたのか、記録はまったく残っていない。しかし、すんき発祥のヒントを木曽町の風土にみつけた。

深い山々に囲まれた木曽町の冬はとても寒い。寒冷地では冬の間も野菜を食べるために、秋に漬物などを仕込んで保存するのが一般的だが、海のない長野県にとって塩は大変貴重であった。特に山に囲まれた中山道木曽路は海抜 800 メートルの高冷地なので、塩を運ぶことは容易ではない。貴重な塩は味噌に使ってしまうので、漬物をつくるほどの塩はなかったのだ。そこで空いた味噌樽に赤かぶの葉を詰めて置いておいたら、たぶん味噌樽に棲んでいた乳酸菌や、赤かぶの葉にもともと付いている乳酸菌などによって勝手に発酵し、食べたらおいしかったので、すんきができたのではないかと言われている。すんきに使う赤かぶが採れるのは 11 月下旬〜12 月くらいの寒い時期なので、雑菌も繁殖しづらいという好条件が揃っている。

すんきの材料になる赤かぶを収穫するサンダー・キャッツさん。

すんきの語源は「酸っぱい茎→酢茎（すぐき）」がなまったのではないかと言われているが、定かではない。すんきのつくられかたとよく似たものに、家畜の冬場の飼料「サイレージ」というものがある。ヨーロッパで発達した技術だが、夏から秋にかけて収穫した牧草を「サイロ」と呼ばれる容器に、空気がはいらないようにぎゅうぎゅうに詰め、嫌気的に1ヶ月ほど乳酸発酵させたもの。長期保存が可能なうえ、乳酸菌たっぷりで身体にも良く、家畜も喜んで食べるそうだ。サイレージの製造法とすんきのつくりかたはとても似ている。古代エジプトの壁画には、地面に穴を掘って家畜の飼料用の青草を詰め込んでいる絵が残されており、その穴をギリシア語で"siros"と言い、これがサイレージの原点だと言われている。はるかむかしから人類は「乳酸発酵させると食物が長期保存できる」ことを感覚的に知っていて、その技術が巡り巡って、または自然発生的にサイロ、シンキ、すんきと、日本の小さな町の漬物にもつながっているとしたら？　と考えると、とても興味深い。

※2　Sinki（シンキ）　大根を10日ほど置いて乾燥（しおれ）させたあと、水に浸してから容器に隙間なく詰めて約1か月発酵させる。発酵したあと、細かく切って天日にさらして乾燥させる。水で戻してスープやカレーに入れる。

サンダー・キャッツの発酵教室　　　　　　　　　　　127

ぼくたちは全員、発酵オタク

赤かぶの実の部分は甘酢漬けにする。マゼンタ色の美しい、甘酸っぱい漬物で、もともとはそっちの方が有名だったのだが、すんきのクセになる美味しさと、無塩の乳酸発酵という珍しさと、それによって得られる健康効果により、今では葉っぱの方が珍重されているのだ。

木曽町では赤かぶが採れる11月下旬〜12月にかけて、町の老若男女、特におばちゃん達が一斉にすんきをつくりだす。すんきをつくるには、去年つくった「一番おいしいすんき」を種（スターター）にし、そこに棲む乳酸菌を増やして、今年のすんきをつくる。この「種すんき」は、町一番

の「すんき名人」のものをつかうのだが、このすんき名人がまたすごい。彼女はすんきが好きすぎて、ネパールにある、やはり無塩発酵の漬物 gundruk（※3）づくりを見学に行ったこともあるという！　ネパールにはシンキ以外に、グンドゥルックという無塩発酵漬物があることも驚きだし、ネパールまで行くという、そのすんき愛にも驚いた。

※3　Gundruk（グンドゥルック）　からし菜、大根葉などの青菜を乾燥（しおれ）させたあと、叩いたり潰したりして汁を出し、容器に詰めて、重しをする。一週間以上発酵させたあと、干してから保存し、料理に使う。

サンダー・キャッツの発酵教室　　　　　　　　　　　　　129

もちろんキャッツさんはグンドゥルックのことも知っていた。ネパールに行ったことはないが、シンキもグンドゥルックも、アメリカでネパール人移民がつくったものを食べており「乾燥したものをチューインガムのように噛んだら、強い香りがしておいしかったので、スープに使ってみた。強い香りが水で希釈されて、スープに特有の風味を与えたよ」と言っている。すんきに似ているのかと尋ねると「シンキもグンドゥルックも、まるですんきのいとこのようだが、まったく違う。すんきは新鮮でジューシーで、ポリポリと歯ごたえがよく、私はすんきが大好きです！」と言ってくれた。嬉しい♪

キャッツさん達とすんき蕎麦を一緒に食べ、すんきづくりを見学し、玉造り味噌の蔵や酒蔵を見学し、温泉にはいり、宿に着いた。夕食はなんと、都竹さん達が手配してくれた「どぶろく鍋（すんき入り）」という、超贅沢な鍋。どぶろく鍋をつつきながら、さらにシュワシュワと発泡しまくっているどぶろくや日本酒を一緒に飲んだ。私が家から持って来た「塩麹に1週間漬けておいた豆腐とゆで卵」を食べてもらっていたら、都竹さんは「小豆やひよこ豆など、色々な豆でつくった味噌・6種類」を持って来ていてビックリ！　キャッツさんはウンウンとうなずきながら試食して、何かを話していた。私はうまく聞き取れなかったが、我々が「Fermentation geek（発酵オタク）」だと言うことだけはわかり、みんなでゲラゲラと笑いあった。

木曽町役場の都竹亜耶さんも発酵ギーク！　小豆、花豆、ひよこ豆、黒豆などなど、各種の豆でつくったお味噌を試食させていただいた。マニアックな発酵トークが続く。

ピンク色で酸っぱいすんき汁を前に、キャッツさんからネパールの「グンドゥルック」の話を聞く。

飲んでも美味しいどぶろくを鍋に入れてしまう「どぶろく鍋」。味の濃い地鶏、きのこ、野菜類もはいった鍋がおいしくない ハズがない。さらに途中で、すんきとすんき汁をいれて味をかえるという至れり尽くせり！

サンダー・キャッツの発酵教室

翌日の朝食もすばらしかった。味噌汁はすんき入り、豆腐の上には納豆、すんき、味噌、削り節を混ぜたものがのっかり、さらにはすんきの卵とじまで！ これ以上ないくらいすんきまみれな、最高に贅沢なもの。お腹いっぱいすんきを食べたあと、赤かぶ畑も見学させていただいた。すんき用の赤かぶは木曽町で採れたものしかおいしいすんきにならないと言うが、本当だろうか？

キャッツさんは知らない人に会っても、知らない場所に行っても、決して焦ったり急いだりすることがなく、人の話をよく聞いて、始終穏やかにニコニコしていた。それは菌が淡々と発酵を続けている様子に似ている。日本の発酵食品はどうだったかと尋ねると「もっとも印象的だったのはその多様性とシンプルさ。どれが一番だとピックアップするのは難しい！ 全部がおいしかった！」そうだ。

「ライフスタイルが食べ物をつくり出す関係ってあるよね。例えば木曽町は山が多くて塩が無かった。無かったからこそ生まれるおもしろさがある。ぼくは今の資本主

すんき名人にして、どぶろく名人でもある郷土料理名人の野口廣子さんは木曽町の有名人。

変なヤツこそおもしろい

義から孤立した人達の、メインカルチャーからはずれたカルチャーに興味がある」と彼は言う。菌なんて目に見えない、わけのわからんものを人びとが利用してきた発酵食カルチャー。紅茶きのこ（コンブチャ）なんて、本当にわけがわからないものだなぁと思うが、彼はそういうものにかかわるのが楽しいようだ。

「人間界にはクィアだったり、ほかにも変わった変なヤツがいて、ぼくのまわりにもたくさんいる。同じように菌の世界にも変なヤツがたくさんいて、それがすごくおもしろいと思う」と、キャッツさん。彼はテネシー州の森の中で、共通のビジョンをもつ人達と共同生活をしている。きっと彼の友だちもユニークな人が多いのだろう。その生活は、わたしが日々東京で送っている生活とは、ずいぶん違うようだ。しかし仲間たちと一緒に育てた野菜で発酵食品をつくって食べ、残った野菜クズはコンポストで土壌菌のエサにして堆肥をつくり、その堆肥で野菜をつくり…という生活はとても楽しそうだし、きちんと循環していて、彼の生活こそが、人として正しい道なのではないかと感じる。

すんきはサブカルチャー

一般的な漬物がメインカルチャーだとしたらすんきはサブカルチャーなんだと思う。一般的な漬物は塩に耐性のある乳酸菌がたくさん棲んでいて、旨味や酸味をつくっているけど、すんきにはそれとは違う乳酸菌が棲んでいる。塩分が強い漬物では生きられない、塩に弱いユニークな乳酸菌のなかには、植物性の食べ物には存在しないはずのシジミ貝の旨味成分である「コハク酸」をつくり出すヤツがいたりする。このユニークな菌たちが生み出す旨味に惹かれ「またすんきが食べたい!」と思うのだ。それはキャッツさんのまわりにいるであろう、ユニークで魅力的な友人たちのようではないか。そしてキャッツさんはすんきそのもの。「またキャッツさんに会いたい!」と思わせる、不思議な魅力がある。

キャッツさんとの一泊二日の小さな旅は、私の中でジワジワと発酵し続けている。台所の隅っこでは常に、彼のワークショップで教わった、キャベツと少量の塩だけでつくったザワークラウトがプクプクと発酵しているし、リンゴなどの果物の皮や芯があれば、とりあえず水に漬けて天然酵母で発酵させているし、ベランダの隅っこの小さな箱の中では、生ごみを発酵させて堆肥をつくっている。さらに今年はこの堆肥を使って木曽の赤かぶを栽培し、東京風すんきをつくってみようともくろんでおり、ワクワクしている。

最初は私が彼を楽しませるつもりだったのに、私の方がキャッツさんの(すんきのような)魅力に惹かれ、とても楽しんでしまった。きっとキャッツさんは今日も穏やかにほほえみながら、楽しそうに発酵食品をつくっているんだろうなと考えると、楽しい気分で、せっせと発酵食品をつくるのだ。海外に無縁だった私とキャッツさんをつなげてくれた、木曽町の無塩のすんきには感謝しかない。

おのみさ
プロフィール

イラストレーター/麹料理研究家。味噌づくりをきっかけに麹菌のおもしろさに目覚め、2010年に『からだに「いいこと」たくさん 麹のレシピ』(池田書店)を発刊。その他、麹関係の本を5冊発刊している。最近は麹菌だけではなく、乳酸菌、酵母菌、酢酸菌なども愛してしまっている。

木曽町の味噌蔵や酒蔵を見学。お昼に食べたすんき蕎麦は、すんきの酸味とダシの味が蕎麦とよく合い、たまらんおいしさ！

サンダー・キャッツの発酵教室

SUNKI
すんき

材料
- 赤かぶの葉：適量
- スターターとしてのすんき（おいしいもの）：適量

つくりかた

赤かぶの葉を60℃くらいのお湯でさっと茹で、食べやすい大きさに切り、すんきと共に容器に入れ、皿などで重しをする。

20〜30℃くらいの暖かい所に数日おき、酸味が出てきたら完成。

すんきづくりは赤かぶが採れる11月下旬〜12月ごろ集中的に行われる。繁忙期にもかかわらず笑顔を見せながら、お互いに助け合って仕事をしていたのが印象的。

サンダー・キャッツの発酵教室

EDITOR'S NOTE OF JAPANESE EDITION

この小さな本との出会いは、
広くて深い発酵世界への入り口

この本の原書 "Basic Fermentation" と出会ったのは、興味深い活動を展開するアーティスト、作家、パブリッシャー、書店が集った「東京アートブックフェア 2014」のフードブースエリアでだった（当時のタイトルは改題前の "Wild Fermentation"）。

そこで目を引いたのは、ブリトーやトルティーヤチップスを売りさばきつつ、洋書の ZINE を大量にディスプレイする個性的なブース。なかでも魅力的に思えた一冊、"Wild Fermentation" を迷わず購入した。おいしいブリトーを味わいながら、アメリカにおける「発酵食カルチャー」の存在を知り、それが少なからずカウンターカルチャーの文脈と結びついていることも嗅ぎ取った。

翌 2015 年には、ferment books を立ち上げ『味の形　迫川尚子インタビュー』を出版。

このレーベル名のコンセプトと、「発酵」を文化や社会の変革のメタファーとして語るサンダー・キャッツ氏の考えかたに重なる部分があることにも大いに親近感を覚えた。

東京アートブックフェアでブリトーと ZINE のブースを出していた川崎・武蔵新城のブリトー店「カクタスブリトー」は、"Basic Fermentation" の版元であるマイクロコズム・パブリッシング（アメリカ・オレゴン州ポートランドの ZINE 専門出版社）の正規代理店でもある。やがて店主の谷奈緒子さんとは知己となり、本書の翻訳も一部担当してもらうことができた。

2017 年の正月には、東京で発酵ワークショップを開催した著者のサンダー・キャッツ氏と初対面。参加者のなかには、本書に日本語版特別記事を寄稿してくれた、麹料理研究家のおのみささんもいて、前年末に著者を長野県・木曽町（無塩発

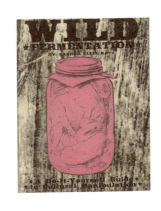

酵の漬物「すんき」の里）に案内したときのエピソードを聞いた。その一部始終を本書で紹介することができたのは、お読みいただいたとおり。

谷さん、おのさんからは、ほんとうに多大なる協力をいただいた。彼女たちとの出会いがなければ、本書は出版されなかったと思う。感謝！

また、黒板チョークアートをはじめとする手描きグラフィックで多くの飲食店とコラボレーションを重ねているCHALKBOYさん、そして自家製天然酵母パン「Pirate Utopia」の主でもあり、発酵食文化とカウンターカルチャーの両方に通じているグラフィックデザイナー川邉雄さん、このおふたりに本のかたちを与えていただくことができ、心躍る瞬間の多い本づくりだった。

本書は、誰でも手軽にトライできる、もっ

ともベーシックな発酵DIYのガイドブックだ。インジェラの材料となるエチオピアの穀類「テフ」や、ピクルスにするとおいしいという「ミルクウィードの鞘」など、かなりマニアックな材料も一部登場するが、それらをのぞけば、一般的な材料で、気軽に、簡単に試せるレシピばかりである。

おもしろいのは、味噌や甘酒など、日本人にとって親しみのある発酵食品のレシピに、意外かつ新鮮な切り口が感じられること。

甘酒は、飲み物というより、むしろポリッジ（粥）やプディングのようなものとしてとらえられており、実際に掲載されている完成写真を見ると、日本人が普通にイメージする甘酒より濃厚な仕上がりになっている。濃いタイプの甘酒はデザートのように食べてもおいしく、甘酒という発酵食品のイメージを広げてくれる。

味噌にかんしては、大豆以外の豆類である、ヒヨコ豆、黒豆、スプリットピー、レンズ豆、ササゲなどでもつくれると記されている。これは、ぜひ試してほしい。編者もトライしてみたが、どんな豆でも、おいしい味噌がつくれるのは、ちょっとした驚きだ。個人的におすすめなのは、小豆でつくる味噌。日本人にとって味噌は伝統食であるため、かえって「大豆でつくるもの」という固定観念に支配されがちだが、本書のちょっとした記述が、発酵はもっと自由でOK！と気づかせてくれた。

冒頭で著者も書いているが、この小さな発酵DIYガイドブックを気に入り、さらにディープで広大な発酵の世界にダイブしてみたくなった読者は、ぜひ『天然発酵の世界』（築地書館）と『発酵の技法』（オライリー・ジャパン）の2冊を手にとってほしい。いずれも本書から発展した著者の代表作であり、発酵に関する知識、エピソード、レシピが満載の必読書だ。食の最重要カテゴリーでありながら、それを超えて、生命、環境、社会、文化といったフィールドへもいざなってくれる「発酵」。本書が、そのフレンドリーな入り口になれたなら、最高に嬉しい。

とくに『天然発酵の世界』については、本書をベースとして書かれており、ゆえに重なる記述も多い。すでに『天然発酵の世界』をお読みの方は、ご承知いただいたうえで本書を活用いただければと思う。

レシピページのテキストの一部や、「発酵と社会の変革について」などのコラムで表明される、著者の社会的、文化的スタンスや、思想面に興味を持った読者なら、未邦訳の"The Revolution Will Not Be Microwaved"も気になるかもしれない。ざっと目次の訳を下記に。

第1章：地元の食品・旬の食品VSいつでも買えるコンビニ食品／第2章：政治活動としての在来種保存／第3章：大地を守る者たちの戦い／第4章：スローフードは食文化のために／第5章：ローフード・アンダーグラウン

EDITOR'S NOTE OF JAPANESE EDITION

ド／第 6 章：食と治癒〜栄養補助食品に気をつけろ〜／第 7 章：栽培禁止令：自然に逆らう法／第 8 章：ベジタリアンの倫理と人道的食肉／第 9 章：未知なる食材の開拓と、食材のリサイクルについて／第 10 章：生命の源、水／エピローグ：食べものを大地に返せ

どうだろうか。すでに出版から十数年が経つとはいえ、現在の日本でこそ読まれるべき内容という気がしてならない。

インディペンデントな出版や ZINE に興味がある人は、ぜひ原書の出版社であるマイクロコズム・パブリッシングのウェブサイトもチェックしてみてほしい。ヴィーガンレシピなどクッキング関連のタイトルをはじめ、ZINE づくり、政治やアクティビズム、フェミニズムやジェンダー、アート、音楽、自転車など、リストされている ZINE のテーマは幅広い。国内なら「カクタスブリトー」に行けば、いくつかのタイトルをゲットできるかもしれない（在庫状況は日々変化するのでお店に要確認）。

最後に。発酵のリスクに対し不安を抱える人が多いことを著者も指摘している。また、一般的なビールやワインづくりのガイドブックに記載される厳密な殺菌法に対する違和感も本書では表明されている。もちろん、過剰な恐れは不要だが、発酵と腐敗の境界は常に曖昧。本書レシピを実践のさい、そのリスクはみなさん各自でマネージしてほしい、なんて書いたら無粋だろうか。無粋ついでに念のため。本書を読めばわかるとおり、ほとんど放っておくだけで酵母たちの活動により醸されるアルコールだが、これが度数 1％以上となる場合、特殊な免許が必要であることが日本国の法律では定められている。「エチオピアの蜂蜜酒」など、アルコール発酵をともなうレシピについてはご留意を。

発酵によって、みなさんの食生活と人生が、楽しく素晴らしいものになることを願って！

2018 年 9 月　日本語版編者　ワダヨシ

サンダー・キャッツの発酵教室

2018 年 10 月 26 日　初版第 1 刷発行
2021 年 2 月 1 日　　初版第 3 刷発行

著　　者	サンダー・エリックス・キャッツ（Sandor Ellix Katz）	

翻　　訳　和田侑子、谷奈緒子
日本語版特別記事　おのみさ（取材・文）、間部百合（写真）、宇川　静（編集協力）
表紙手描き　CHALKBOY
装　　幀　川邉　雄
編　　集　ワダヨシ
発　行　者　和田侑子

発　行　所　ferment books
　　　　　　tel 050-8000-1571
　　　　　　https://twitter.com/fermentbooks
　　　　　　https://www.facebook.com/fermentbooks/
　　　　　　info@fermentbooks.com

印　刷　所　（株）シナノパブリッシングプレス

乱丁・落丁本はお取り替えいたします。
本書掲載の図版・文章の無断掲載・借用・複写を禁じます。本書のコピー、スキャン、デジタル化等の
無断複製は著作権法上の例外を除き禁じられています。本書を代行業者等の第三者に依頼してスキャ
ンやデジタル化することは、たとえ個人や家庭内での利用であっても著作権法上認められておりません。

ISBN978-4-9908637-1-5 C0077
Printed in Japan